MUFFINS
ET
BISCUITS

BRIMAR

Éditrice Angela Rahaniotis
Conception graphique Zapp
Photographies Marc Bruneau
Préparation des recettes/styliste Josée Robitaille
Assistant styliste Marc Maula
La vaisselle a été prêtée par Stokes et Arthur Quentin

© 1995 Les Éditions Brimar inc.
338, rue Saint-Antoine Est
Montréal, Canada H2Y 1A3
Tél. (514) 954-1441
Fax (514) 954-5086

ISBN 2-89433-198-3
Imprimé au Canada

MUFFINS
ET
BISCUITS

Rien ne vaut le délicieux arôme des muffins
et des biscuits qui viennent tout juste
de sortir du four!

Ce livre sur les muffins
et les biscuits contient des recettes
qui vous mettront l'eau à la bouche.
Vous y trouverez des muffins pour chaque occasion :
petit-déjeuner, goûter, accompagnement, etc.,
des pains qui se font en un tour de main
et toute une variété de biscuits,
de carrés et de brownies qui feront la joie de tous.

En fait, ce petit livre pratique
contient tant de délicieuses recettes rapides
et faciles à préparer que vous ne pourrez plus vous en passer!

Notes sur les muffins

●

La pâte pour les muffins et les pains ne doit pas être trop mélangée
à moins que cela ne soit spécifié dans la recette.
Mélangez les ingrédients humides aux ingrédients secs
juste assez pour les humecter. La pâte trop mélangée peut donner,
comme résultat, des muffins moins légers, dont la surface
et l'intérieur seront irréguliers.

●

La cuisson de la plupart des muffins se fait à 200 °C (400 °F).
Cependant, vous devrez peut-être ajuster la température
selon votre four.

●

Graissez les moules à muffins avec du beurre,
de l'huile ou un enduit végétal pur. Si certains moules restent vides,
les remplir d'un peu d'eau pour protéger la surface du moule
et favoriser une cuisson uniforme.

●

Les portions de certaines recettes peuvent varier selon les ingrédients,
les dimensions des moules et la quantité de pâte versée dans ceux-ci.
Il faut ajuster le temps de cuisson selon ces détails.

●

Pour vérifier si les muffins sont cuits, appuyer doucement sur la surface.
Elle devrait s'enfoncer légèrement puis reprendre immédiatement
sa forme. Pour vérifier la cuisson des pains, enfoncer une brochette
en bois ou la pointe d'un couteau au milieu de pain.
Si elle en ressort propre, le pain est cuit.
Les muffins et les pains rétréciront légèrement et
se détacheront des parois des moules lorsqu'ils seront cuits.

●

Les muffins sont meilleurs lorsqu'ils sont chauds tandis
que les pains doivent être refroidis avant d'être tranchés.

Recette de base
(10 à 12 muffins)

500 ml	farine tout usage tamisée	2 tasses
15 ml	poudre à pâte	1 c. à s.
2 ml	sel	½ c. à t.
125 ml	cassonade	½ tasse
1	gros œuf	1
250 ml	lait	1 tasse
45 ml	beurre ou margarine fondu	3 c. à s.

Préchauffer le four à 200 °C (400 °F).

1 Dans un grand bol, tamiser ensemble la farine, la poudre à pâte et le sel. Incorporer la cassonade.

2 Dans un petit bol, battre l'œuf puis incorporer au fouet le lait et le beurre.

3 Incorporer la préparation au œufs aux ingrédients secs, sans trop mélanger. Remplir aux ⅔ des moules à muffins graissés. Faire cuire au four 18 à 20 minutes.

4 Lorsque les muffins sont cuits, les sortir du four et laisser reposer plusieurs minutes. Démouler sur une grille pour les faire refroidir. Servir avec de la confiture, si désiré.

Muffins aux bananes et aux kiwis
(10 à 12 muffins)

250 ml	farine de blé entier	1 tasse
250 ml	farine tout usage	1 tasse
250 ml	cassonade	1 tasse
15 ml	poudre à pâte	1 c. à s.
2 ml	bicarbonate de soude	½ c. à t.
2 ml	sel	½ c. à t.
2	gros œufs	2
250 ml	babeurre	1 tasse
45 ml	jus d'orange	3 c. à s.
50 ml	banane mûre écrasée	¼ tasse
45 ml	huile d'olive	3 c. à s.
1	kiwi mûr, pelé et haché	1

Préchauffer le four à 200 °C (400 °F).

1 Dans un grand bol, mélanger les farines, la cassonade, la poudre à pâte, le bicarbonate de soude et le sel.

2 Dans un petit bol, mélanger les œufs puis, au fouet, incorporer le babeurre, le jus d'orange, la banane et l'huile.

3 Mélanger les ingrédients humides avec les ingrédients secs. Incorporer les kiwis et remplir aux ¾ des moules à muffins graissés. Faire cuire au four 18 à 20 minutes.

4 Lorsque les muffins sont cuits, les sortir du four et les laisser reposer plusieurs minutes. Démouler sur une grille pour les faire refroidir.

Muffins aux bananes
(10 à 12 muffins)

500 ml	farine tout usage tamisée	2 tasses
10 ml	poudre à pâte	2 c. à t.
5 ml	bicarbonate de soude	1 c. à t.
2 ml	sel	½ c. à t.
125 ml	cassonade	½ tasse
1	gros œuf	1
250 ml	lait	1 tasse
45 ml	beurre fondu	3 c. à s.
250 ml	bananes mûres écrasées	1 tasse

Préchauffer le four à 200 °C (400 °F).

1 Dans un grand bol, tamiser les ingrédients secs, sauf la cassonade. Incorporer la cassonade.

2 Dans un petit bol, battre l'œuf puis incorporer au fouet le lait et le beurre.

3 Incorporer les ingrédients humides aux ingrédients secs, sans trop mélanger. Incorporer les bananes écrasées et remplir aux ⅔ des moules à muffins graissés. Faire cuire au four 18 à 20 minutes.

4 Lorsque les muffins sont cuits, les sortir du four et laisser reposer plusieurs minutes. Démouler sur une grille pour les faire refroidir.

Muffins au son
(10 à 12 muffins)

2	gros œufs	2
250 ml	cassonade	1 tasse
125 ml	huile végétale	½ tasse
500 ml	son nature	2 tasses
250 ml	lait	1 tasse
250 ml	crème sure ou babeurre	1 tasse
10 ml	bicarbonate de soude	2 c. à t.
425 ml	farine tout usage	1¾ tasse
10 ml	poudre à pâte	2 c. à t.
5 ml	sel	1 c. à t.
175 ml	raisins secs	¾ tasse

1 Dans un grand bol, battre les œufs avec la cassonade. Ajouter l'huile sans cesser de battre, jusqu'à ce que le mélange soit bien homogène.

2 Bien incorporer le son.

3 Dans un autre bol, mélanger le lait avec la crème sure. Incorporer le bicarbonate de soude. Verser dans la préparation au son et mélanger avec une cuillère en bois.

4 Mélanger tous les ingrédients secs ensemble, sauf les raisins. Incorporer à la pâte avec une cuillère en bois. Ajouter les raisins secs et mélanger.

5 Verser la pâte dans un contenant fermant hermétiquement et réfrigérer 5 à 7 jours.

6 Faire cuire les muffins dans un four préchauffé à 200 °C (400 °F) 18 à 20 minutes. Servir lorsqu'ils sont encore chauds.

Muffins à la crème sure
(10 à 12 muffins)

500 ml	farine tout usage tamisée	2 tasses
75 ml	sucre	⅓ tasse
15 ml	poudre à pâte	1 c. à s.
2 ml	sel	½ c. à t.
1	gros œuf	1
250 ml	crème sure	1 tasse
45 ml	beurre fondu	3 c. à s.

Préchauffer le four à 200 °C (400 °F).

1 Dans un grand bol, tamiser ensemble les ingrédients secs.

2 Dans un petit bol, battre l'œuf puis incorporer au fouet la crème sure et le beurre.

3 Incorporer les ingrédients humides aux ingrédients secs, sans trop les mélanger. La pâte sera ferme. Remplir aux ⅔ des moules à muffins graissés. Faire cuire au four 18 à 20 minutes.

4 Lorsque les muffins sont cuits, les sortir du four et laisser reposer plusieurs minutes. Démouler sur une grille pour faire refroidir.

Muffins à l'orange et aux noix
(10 à 12 muffins)

500 ml	farine tout usage tamisée	2 tasses
10 ml	poudre à pâte	2 c. à t.
2 ml	sel	½ c. à t.
10 ml	cannelle	2 c. à t.
125 ml	cassonade	½ tasse
1	gros œuf	1
175 ml	lait	¾ tasse
50 ml	jus d'orange	¼ tasse
45 ml	beurre fondu	3 c. à s.
175 ml	noix de Grenoble hachées	¾ tasse
	zeste de ½ orange, finement râpé	

Préchauffer le four à 200 °C (400 °F).

1 Dans un grand bol, tamiser ensemble la farine, la poudre à pâte, le sel et la cannelle. Incorporer la cassonade.

2 Dans un petit bol, battre l'œuf puis incorporer au fouet le lait, le jus d'orange et le beurre.

3 Incorporer les ingrédients humides aux ingrédients secs, sans trop les mélanger. Incorporer les noix de Grenoble et le zeste d'orange. Remplir aux ⅔ des moules à muffins graissés. Faire cuire au four 18 à 20 minutes.

4 Lorsque les muffins sont cuits, les sortir du four et laisser reposer plusieurs minutes. Renverser sur une grille et laisser refroidir.

Muffins au son légers
(10 à 12 muffins)

375 ml	céréales de son	1 ½ tasse
250 ml	lait	1 tasse
2	gros œufs, séparés	2
125 ml	beurre ramolli	½ tasse
75 ml	cassonade	⅓ tasse
15 ml	miel	1 c. à s.
375 ml	farine tout usage tamisée	1 ½ tasse
15 ml	poudre à pâte	1 c. à s.
1	pincée de sel	1

1 Faire tremper les céréales de son dans le lait pendant 1 heure.

2 Préchauffer le four à 200 °C (400 °F).

3 Dans un petit bol, mélanger les jaunes d'œufs; réserver. Battre les blancs d'œufs en neige ferme. Réduire en crème le beurre et la cassonade. Incorporer le miel et les jaunes d'œufs. Ajouter les céréales de son trempées et bien mélanger.

4 Tamiser ensemble la farine, la poudre à pâte et le sel; incorporer à la pâte sans trop mélanger. Incorporer très délicatement les blancs d'œufs.

5 Remplir aux ¾ des moules à muffins graissés et faire cuire au four 20 à 25 minutes.

6 Lorsque les muffins sont cuits, les sortir du four et les laisser reposer plusieurs minutes. Démouler sur une grille et laisser refroidir.

Muffins à l'orange
(10 à 12 muffins)

500 ml	farine tout usage tamisée	2 tasses
75 ml	sucre	⅓ tasse
10 ml	poudre à pâte	2 c. à t.
5 ml	bicarbonate de soude	1 c. à t.
2 ml	sel	½ c. à t.
1	gros œuf	1
125 ml	lait	½ tasse
125 ml	jus d'orange frais	½ tasse
45 ml	beurre fondu	3 c. à s.
	zeste de 1 orange, râpé et blanchi	
	fines tranches d'orange	

Préchauffer le four à 200 °C (400 °F).

1 Dans un grand bol, tamiser ensemble les ingrédients secs.

2 Dans un petit bol, battre l'œuf puis incorporer au fouet le lait, le jus d'orange et le beurre.

3 Incorporer les ingrédients humides aux ingrédients secs sans trop les mélanger. Incorporer le zeste d'orange et remplir aux ⅔ des moules à muffins graissés. Disposer une fine tranche d'orange sur chaque muffin. Faire cuire au four 18 à 20 minutes.

4 Lorsque les muffins sont cuits, les sortir du four et laisser reposer plusieurs minutes. Les démouler sur une grille et laisser refroidir.

Muffins aux brisures de chocolat

(10 à 12 muffins)

75 ml	beurre ramolli	⅓ tasse
150 ml	sucre	⅔ tasse
2	gros œufs	2
500 ml	farine tout usage	2 tasses
10 ml	poudre à pâte	2 c. à t.
2 ml	sel	½ c. à t.
150 ml	lait	⅔ tasse
125 ml	brisures de chocolat mi-sucré	½ tasse

Préchauffer le four à 200 °C (400 °F).

1 Dans un bol, réduire le beurre et le sucre en crème, avec une cuillère en bois. Ajouter les œufs et fouetter jusqu'à ce que le mélange soit lisse.

2 Dans un petit bol, tamiser ensemble la farine, la poudre à pâte et le sel.

3 En trois ou quatre étapes, en alternant avec le lait, incorporer les ingrédients secs aux ingrédients humides en mélangeant avec une cuillère en bois entre chaque addition. Ne pas trop mélanger.

4 Incorporer les brisures de chocolat et remplir aux ¾ des moules à muffins graissés. Faire cuire au four 18 à 20 minutes.

5 Lorsque les muffins sont cuits, les sortir du four et laisser reposer plusieurs minutes. Démouler sur une grille et laisser refroidir.

Muffins aux pommes et à la cannelle
(10 à 12 muffins)

500 ml	farine tout usage tamisée	2 tasses
15 ml	poudre à pâte	1 c. à s.
5 ml	cannelle	1 c. à t.
2 ml	sel	½ c. à t.
125 ml	cassonade	½ tasse
1	gros œuf	1
250 ml	lait	1 tasse
45 ml	beurre fondu	3 c. à s.
175 ml	pomme fraîche hachée	¾ tasse
1	pomme, évidée, pelée et émincée	1

Préchauffer le four à 200 °C (400 °F).

1 Dans un grand bol, tamiser ensemble les ingrédients secs, sauf la cassonade. Incorporer la cassonade.

2 Dans un petit bol, battre l'œuf puis incorporer au fouet le lait et le beurre.

3 Incorporer les ingrédients humides aux ingrédients secs, sans trop les mélanger. Incorporer la pomme hachée et remplir aux ⅔ des moules à muffins graissés. Disposer plusieurs tranches de pomme sur chaque muffin. Faire cuire au four 18 à 20 minutes.

4 Lorsque les muffins sont cuits, les sortir du four et laisser reposer plusieurs minutes. Démouler sur une grille et laisser refroidir.

Dans un grand bol, tamiser ensemble les ingrédients secs sauf la cassonade. Incorporer la cassonade.

Dans un petit bol, battre les œufs puis incorporer au fouet le lait et le beurre.

Incorporer les ingrédients humides aux ingrédients secs, sans trop les mélanger.

Incorporer la pomme hachée.

Remplir aux ⅔ des moules à muffins graissés. Disposer plusieurs tranches de pomme sur chaque muffin.

Muffins au beurre d'arachide
(10 à 12 muffins)

500 ml	farine tout usage	2 tasses
125 ml	sucre	½ tasse
15 ml	poudre à pâte	1 c. à s.
2 ml	sel	½ c. à t.
1	gros œuf	1
300 ml	lait	1 ¼ tasse
30 ml	huile végétale	2 c. à s.
50 ml	beurre d'arachide	¼ tasse

Préchauffer le four à 200 °C (400 °F).

1 Dans un grand bol, tamiser ensemble les ingrédients secs.

2 Dans un petit bol, battre l'œuf puis incorporer au fouet le lait et l'huile.

3 Incorporer les ingrédients humides aux ingrédients secs, sans trop les mélanger. Incorporer le beurre d'arachide (la pâte sera striée) et remplir aux ⅔ des moules à muffins graissés. Faire cuire au four 18 à 20 minutes.

4 Lorsque les muffins sont cuits, les sortir du four et laisser reposer plusieurs minutes. Démouler sur une grille et laisser refroidir.

Muffins aux fruits frais
(10 à 12 muffins)

75 ml	beurre ramolli	⅓ tasse
150 ml	sucre	⅔ tasse
2	gros œufs	2
500 ml	farine tout usage	2 tasses
10 ml	poudre à pâte	2 c. à t.
2 ml	sel	½ c. à t.
150 ml	lait	⅔ tasse
175 ml	fruits frais au choix, hachés	¾ tasse

Préchauffer le four à 200 °C (400 °F).

1 Dans un bol, réduire le beurre et le sucre en crème avec une cuillère en bois. Ajouter les œufs et fouetter jusqu'à ce que le mélange soit lisse.

2 Dans un petit bol, tamiser ensemble les ingrédients secs.

3 En trois ou quatre étapes, en alternant avec le lait, incorporer les ingrédients secs aux ingrédients humides. Bien incorporer avec une cuillère en bois entre chaque addition, sans trop mélanger.

4 Incorporer les fruits et remplir aux ¾ des moules à muffins graissés. Faire cuire au four de 18 à 20 minutes.

5 Lorsque les muffins sont cuits, les sortir du four et laisser reposer plusieurs minutes. Démouler sur une grille et laisser refroidir.

Muffins au son, à l'avoine et aux bleuets
(10 à 12 muffins)

150 ml	farine de blé entier	⅔ tasse
125 ml	farine tout usage	½ tasse
250 ml	cassonade	1 tasse
15 ml	poudre à pâte	1 c. à s.
1 ml	cannelle	¼ c. à t.
2 ml	sel	½ c. à t.
175 ml	flocons d'avoine	¾ tasse
1	gros œuf	1
250 ml	lait	1 tasse
45 ml	beurre fondu	3 c. à s.
250 ml	bleuets frais	1 tasse

Préchauffer le four à 200 °C (400 °F).

1 Dans un grand bol, mélanger les farines, la cassonade, la poudre à pâte, la cannelle et le sel. Incorporer les flocons d'avoine.

2 Dans un petit bol, battre l'œuf puis incorporer au fouet le lait et le beurre.

3 Incorporer les ingrédients humides aux ingrédients secs, sans trop les mélanger. Incorporer les bleuets et remplir aux ¾ des moules à muffins graissés. Faire cuire au four 18 à 20 minutes.

4 Lorsque les muffins sont cuits, les sortir du gour et laisser reposer plusieurs minutes. Démouler sur une grille et laisser refroidir.

Muffins au yogourt et aux bleuets
(10 à 12 muffins)

125 ml	farine tout usage	½ tasse
125 ml	sucre	½ tasse
15 ml	poudre à pâte	I c. à s.
2 ml	bicarbonate de soude	½ c. à t.
2 ml	sel	½ c. à t.
125 ml	farine de blé entier	½ tasse
2	gros œufs	2
175 ml	yogourt nature léger	¾ tasse
125 ml	lait	½ tasse
45 ml	huile végétale	3 c. à s.
175 ml	bleuets surgelés	¾ tasse

Préchauffer le four à 200 °C (400 °F).

1 Dans un grand bol, tamiser ensemble la farine, le sucre, la poudre à pâte, le bicarbonate de soude et le sel. Incorporer la farine de blé entier.

2 Dans un petit bol, battre les œufs puis incorporer au fouet le yogourt, le lait et l'huile.

3 Incorporer les ingrédients humides aux ingrédients secs, sans trop les mélanger. Incorporer les bleuets et remplir aux ¾ des moules à muffins graissés. Faire cuire 18 à 20 minutes.

4 Lorsque les muffins sont cuits, les sortir du four et laisser reposer plusieurs minutes. Démouler sur une grille et laisser refroidir.

très bon – 1 T. farine + ¼ T. avoine ou ½ T.
mettre ¼ T. sucre si j'ajoute
des pêches ou fruits sucrés
j'ai ajouté canneberges
séchées

Muffins aux fruits séchés
(10 à 12 muffins)

500 ml	farine tout usage tamisée	2 tasses
75 ml	sucre	⅓ tasse
10 ml	poudre à pâte	2 c. à t.
2 ml	sel	½ c. à t.
1	gros œuf	1
250 ml	lait	1 tasse
30 ml	beurre fondu	2 c. à s.
125 ml	mélange de fruits séchés hachés	½ tasse

Préchauffer le four à 200 °C (400 °F).

1 Dans un grand bol, tamiser ensemble la farine, le sucre, la poudre à pâte et le sel.

2 Dans un petit bol, battre l'œuf puis incorporer au fouet le lait et le beurre.

3 Incorporer les ingrédients humides aux ingrédients secs, sans trop les mélanger. Incorporer les fruits séchés et remplir aux ⅔ des moules à muffins graissés. Faire cuire au four 18 à 20 minutes.

4 Lorsque les muffins sont cuits, les sortir du four et laisser reposer plusieurs minutes. Démouler sur une grille et laisser refroidir.

Muffins au miel et à la cannelle
(6 muffins)

250 ml	farine tout usage	1 tasse
125 ml	sucre	½ tasse
10 ml	poudre à pâte	2 c. à t.
2 ml	sel	½ c. à t.
1	gros œuf	1
125 ml	lait	½ tasse
45 ml	huile végétale	3 c. à s.
30 ml	miel	2 c. à s.
15 ml	sucre	1 c. à s.
2 ml	cannelle	½ c. à t.

Préchauffer le four à 200 °C (400 °F).

1 Dans un grand bol, tamiser ensemble la farine, 125 ml (½ tasse) de sucre, la poudre à pâte et le sel.

2 Dans un petit bol, battre l'œuf, puis incorporer au fouet le lait, l'huile et le miel.

3 Incorporer les ingrédients humides aux ingrédients secs, sans trop les mélanger. Remplir aux ¾ des moules à muffins graissés.

4 Mélanger le sucre qui reste avec la cannelle et en saupoudrer légèrement chaque muffin. Faire cuire au four 18 à 20 minutes.

5 Lorsque les muffins sont cuits, les sortir du four et laisser reposer plusieurs minutes. Démouler sur une grille et laisser refroidir.

Muffins au son et au babeurre
(20 à 24 muffins)

500 ml	farine de blé entier	2 tasses
50 ml	sucre	¼ tasse
10 ml	poudre à pâte	2 c. à t.
7 ml	bicarbonate de soude	1½ c. à t.
1	pincée de sel	1
375 ml	céréales de son	1½ tasse
1	gros œuf	1
50 ml	mélasse	¼ tasse
500 ml	babeurre	2 tasses
45 ml	beurre fondu	3 c. à s.

Préchauffer le four à 190 °C (375 °F).

1 Dans un grand bol, mettre la farine, le sucre, la poudre à pâte, le bicarbonate de soude et le sel. Ajouter les céréales de son et mélanger.

2 Dans un petit bol, battre l'œuf puis incorporer au fouet la mélasse, le babeurre et le beurre.

3 Incorporer les ingrédients humides aux ingrédients secs, sans trop les mélanger. Remplir aux ⅔ des moules à muffins graissés. Faire cuire au four 20 à 25 minutes.

4 Lorsque les muffins sont cuits, les sortir du four et laisser reposer plusieurs minutes. Démouler sur une grille et laisser refroidir.

Muffins au son, au babeurre et au blé entier
(10 à 12 muffins)

150 ml	farine de blé entier	⅔ tasse
125 ml	farine tout usage	½ tasse
250 ml	cassonade	1 tasse
15 ml	poudre à pâte	1 c. à s.
2 ml	bicarbonate de soude	½ c. à t.
1 ml	cannelle	¼ c. à t.
2 ml	sel	½ c. à t.
175 ml	son	¾ tasse
1	gros œuf	1
250 ml	babeurre	1 tasse
45 ml	huile végétale	3 c. à s.
125 ml	raisins secs, enrobés de farine	½ tasse

Préchauffer le four à 220 °C (425 °F).

1 Dans un grand bol, mélanger les farines, la cassonade, la poudre à pâte, le bicarbonate de soude, la cannelle et le sel. Ajouter le son et mélanger.

2 Dans un petit bol, battre l'œuf puis incorporer au fouet le babeurre et l'huile.

3 Incorporer les ingrédients humides aux ingrédients secs, sans trop les mélanger. Incorporer les raisins secs et remplir aux ¾ des moules à muffins graissés. Faire cuire au four 18 à 20 minutes.

4 Lorsque les muffins sont cuits, les sortir du four et laisser reposer plusieurs minutes. Démouler sur une grille et laisser refroidir.

Muffins aux fraises
(10 à 12 muffins)

500 ml	farine tout usage tamisée	2 tasses
75 ml	sucre	⅓ tasse
10 ml	poudre à pâte	2 c.à t.
5 ml	bicarbonate de soude	1 c. à t.
2 ml	sel	½ c. à t.
1	gros œuf	1
250 ml	lait	1 tasse
60 ml	beurre fondu	4 c. à s.
175 ml	fraises fraîches émincées	¾ tasse

Préchauffer le four à 200 °C (400 °F).

1 Dans un grand bol, tamiser ensemble tous les ingrédients secs.

2 Dans un petit bol, battre l'œuf puis incorporer au fouet le lait et le beurre.

3 Incorporer les ingrédients humides aux ingrédients secs, sans trop les mélanger. Incorporer les fraises et remplir aux ⅔ des moules à muffins graissés. Faire cuire au four 18 à 20 minutes.

4 Lorsque les muffins sont cuits, les sortir du four et laisser reposer plusieurs minutes. Démouler sur une grille et laisser refroidir.

Muffins aux kiwis
(10 à 12 muffins)

500 ml	farine tout usage tamisée	2 tasses
15 ml	poudre à pâte	1 c. à s.
2 ml	sel	½ c. à t.
125 ml	cassonade	½ tasse
1	gros œuf	1
250 ml	lait	1 tasse
45 ml	beurre fondu	3 c. à s.
125 ml	kiwis mûrs hachés	½ tasse
	fines tranches de kiwis mûrs	

Préchauffer le four à 200 °C (400 °F).

1 Dans un grand bol, tamiser ensemble tous les ingrédients secs, sauf la cassonade. Incorporer la cassonade.

2 Dans un petit bol, battre l'œuf puis incorporer au fouet le lait et le beurre.

3 Incorporer les ingrédients humides aux ingrédients secs, sans trop les mélanger. Incorporer les kiwis hachés et remplir aux ⅔ des moules à muffins graissés. Déposer une tranche de kiwi sur chaque muffin. Faire cuire au four 18 à 20 minutes.

4 Lorsque les muffins sont cuits, les sortir du four et laisser reposer plusieurs minutes. Démouler sur une grille et laisser refroidir.

Muffins à l'avoine et aux abricots
(10 à 12 muffins)

250 ml	farine tout usage tamisée	1 tasse
75 ml	sucre	⅓ tasse
10 ml	poudre à pâte	2 c. à t.
5 ml	bicarbonate de soude	1 c. à t.
2 ml	sel	½ c. à t.
1	pincée de muscade moulue	1
175 ml	flocons d'avoine	¾ tasse
1	gros œuf	1
250 ml	lait	1 tasse
45 ml	beurre fondu	3 c. à s.
175 ml	abricots séchés hachés	¾ tasse

Préchauffer le four à 200 °C (400 °F).

1 Dans un grand bol, tamiser ensemble la farine, le sucre, la poudre à pâte, le bicarbonate de soude, le sel et la muscade. Ajouter les flocons d'avoine et mélanger.

2 Dans un petit bol, battre l'œuf puis incorporer au fouet le lait et le beurre.

3 Incorporer les ingrédients humides aux ingrédients secs, sans trop les mélanger. Incorporer les abricots et remplir aux ⅔ des moules à muffins graissés. Faire cuire au four 18 à 20 minutes.

4 Lorsque les muffins sont cuits, les sortir du four et laisser reposer plusieurs minutes. Démouler sur une grille et laisser refroidir.

Muffins au cacao et aux noisettes
(6 muffins)

250 ml	farine tout usage	1 tasse
75 ml	cacao	⅓ tasse
150 ml	sucre	⅔ tasse
10 ml	poudre à pâte	2 c. à t.
2 ml	sel	½ c. à t.
1	gros œuf	1
150 ml	lait	⅔ tasse
45 ml	huile végétale	3 c. à s.
75 ml	noisettes finement hachées	⅓ tasse

Préchauffer le four à 200 °C (400 °F).

1 Dans un grand bol, tamiser ensemble la farine, le cacao, le sucre, la poudre à pâte et le sel.

2 Dans un petit bol, battre l'œuf puis incorporer au fouet le lait et l'huile.

3 Incorporer les ingrédients humides aux ingrédients secs, sans trop les mélanger. Incorporer les noisettes et remplir aux ¾ des moules à muffins graissés. Faire cuire au four 18 à 20 minutes.

4 Lorsque les muffins sont cuits, les sortir du four et laisser reposer plusieurs minutes. Démouler sur une grille et laisser refroidir.

Muffins à la compote de pommes
(6 muffins)

250 ml	farine tout usage	1 tasse
125 ml	sucre	½ tasse
10 ml	poudre à pâte	2 c. à t.
2 ml	sel	½ c. à t.
1	gros œuf	1
75 ml	lait	⅓ tasse
45 ml	huile végétale	3 c. à s.
75 ml	compote de pommes	⅓ tasse

Préchauffer le four à 200 °C (400 °F).

1 Dans un grand bol, tamiser ensemble la farine, le sucre, la poudre à pâte et le sel.

2 Dans un petit bol, battre l'œuf puis incorporer au fouet le lait, l'huile et la compote de pommes.

3 Incorporer ingrédients humides aux ingrédients secs, sans trop les mélanger. Remplir aux ¾ des moules à muffins graissés. Faire cuire au four 18 à 20 minutes.

4 Lorsque les muffins sont cuits, les sortir du four et laisser reposer plusieurs minutes. Démouler sur une grille et laisser refroidir.

Muffins surprise aux bananes
(10 à 12 muffins)

150 ml	farine de blé entier	⅔ tasse
300 ml	farine tout usage	1 ¼ tasse
125 ml	sucre	½ tasse
15 ml	poudre à pâte	1 c. à s
2 ml	sel	½ c. à t.
2 ml	cannelle	½ c. à t.
2	gros œufs	2
250 ml	lait	1 tasse
1 ½	bananes bien mûres, écrasées	1 ½
45 ml	huile d'olive	3 c. à s.
	confiture de pêche	

Préchauffer le four à 200 °C (400 °F).

1 Dans un grand bol, mélanger les farines, le sucre, la poudre à pâte, le sel et la cannelle.

2 Dans un petit bol, battre les œufs puis incorporer au fouet le lait, les bananes écrasées et l'huile.

3 Incorporer les ingrédients humides aux ingrédients secs, sans trop les mélanger. Remplir aux ¾ des moules à muffins graissés. Déposer environ 2 ml (½ c.à t.) de confiture dans chaque muffin. Faire cuire au four 18 à 20 minutes.

4 Lorsque les muffins sont cuits, les sortir du four et laisser reposer plusieurs minutes. Démouler sur une grille et laisser refroidir.

Muffins au cheddar
(6 muffins)

250 ml	farine tout usage	1 tasse
75 ml	sucre	⅓ tasse
10 ml	poudre à pâte	2 c. à t.
2 ml	sel	½ c. à t.
1	gros œuf	1
125 ml	lait	½ tasse
45 ml	huile végétale	3 c. à s.
175 ml	cheddar râpé	¾ tasse

Préchauffer le four à 200 °C (400 °F).

1 Dans un grand bol, tamiser ensemble la farine, le sucre, la poudre à pâte et le sel.

2 Dans un petit bol, battre l'œuf puis incorporer au fouet le lait et l'huile.

3 Incorporer les ingrédients humides aux ingrédients secs, sans trop les mélanger. Incorporer le cheddar et remplir aux ¾ des moules à muffins graissés. Faire cuire au four 18 à 20 minutes.

4 Lorsque les muffins sont cuits, les sortir du four et laisser reposer plusieurs minutes. Démouler sur une grille et laisser refroidir.

Muffins aux noix et à la noix de coco
(10 à 12 muffins)

500 ml	farine tout usage tamisée	2 tasses
75 ml	sucre	⅓ tasse
10 ml	poudre à pâte	2 c. à t.
5 ml	bicarbonate de soude	1 c. à t.
2 ml	sel	½ c. à t.
1	gros œuf	1
250 ml	lait	1 tasse
45 ml	beurre fondu	3 c. à s.
125 ml	noix mélangées hachées	½ tasse
75 ml	noix de coco sucrée râpée	⅓ tasse

Préchauffer le four à 200 °C (400 °F).

1 Dans un grand bol, tamiser ensemble la farine, le sucre, la poudre à pâte, le bicarbonate de soude et le sel.

2 Dans un petit bol, battre l'œuf puis incorporer au fouet le lait et le beurre.

3 Incorporer les ingrédients humides aux les ingrédients secs, sans trop les mélanger. Incorporer les noix et la noix de coco. Remplir aux ⅔ des moules à muffins graissés. Faire cuire au four 18 à 20 minutes.

4 Lorsque les muffins sont cuits, les sortir du four et laisser reposer plusieurs minutes. Démouler sur une grille et laisser refroidir.

Muffins à la farine de maïs et aux bleuets
(10 à 12 muffins)

250 ml	farine tout usage tamisée	1 tasse
175 ml	farine de maïs	¾ tasse
75 ml	sucre	⅓ tasse
10 ml	poudre à pâte	2 c. à t.
2 ml	sel	½ c. à t.
1	gros œuf	1
175 ml	lait	¾ tasse
45 ml	beurre fondu	3 c. à s.
175 ml	bleuets frais ou surgelés	¾ tasse

Préchauffer le four à 200 °C (400 °F).

1 Dans un grand bol, tamiser ensemble tous les ingrédients secs.

2 Dans un petit bol, battre l'œuf puis incorporer au fouet le lait et le beurre.

3 Incorporer les ingrédients humides aux ingrédients secs, sans trop les mélanger. Incorporer les bleuets et remplir aux ⅔ des moules à muffins graissés. Faire cuire au four 18 à 20 minutes.

4 Lorsque les muffins sont cuits, les sortir du four et laisser reposer plusieurs minutes. Démouler sur une grille et laisser refroidir.

Muffins à l'ananas
(10 à 12 muffins)

500 ml	farine tout usage tamisée	2 tasses
15 ml	poudre à pâte	1 c. à s.
5 ml	cannelle	1 c. à t.
2 ml	sel	½ c. à t.
125 ml	cassonade	½ tasse
1	gros œuf	1
250 ml	lait	1 tasse
45 ml	margarine fondue	3 c. à s.
175 ml	ananas frais haché	¾ tasse

Préchauffer le four à 200 °C (400 °F).

1 Dans un grand bol, tamiser ensemble tous les ingrédients secs, sauf la cassonade. Incorporer la cassonade.

2 Dans un petit bol, battre l'œuf puis incorporer au fouet le lait et la margarine.

3 Incorporer les ingrédients humides aux ingrédients secs, sans trop les mélanger. Incorporer l'ananas et remplir aux ⅔ des moules à muffins graissés. Faire cuire au four 18 à 20 minutes.

4 Lorsque les muffins sont cuits, les sortir du four et laisser reposer plusieurs minutes. Démouler sur une grille et laisser refroidir.

Pain au cacao
(1 pain)

500 ml	farine tout usage	2 tasses
15 ml	poudre à pâte	1 c. à s.
2 ml	sel	½ c. à t.
250 ml	sucre	1 tasse
75 ml	cacao	⅓ tasse
2	gros œufs	2
250 ml	lait	1 tasse
30 ml	huile végétale	2 c. à s.

Préchauffer le four à 180 °C (350 °F). Graisser un moule à pain de 23 cm sur 13 cm sur 7 cm (9 po sur 5 po sur 2¾ po).

1 Dans un grand bol, tamiser ensemble tous les ingrédients secs.

2 Dans un petit bol, battre les œufs avec le lait et l'huile.

3 Incorporer les ingrédients humides aux ingrédients secs, sans trop les mélanger et sans les battre.

4 Verser la pâte dans le moule et faire cuire au four 55 à 65 minutes.

5 Lorsque le pain est cuit, le sortir du four et laisser reposer dans le moule plusieurs minutes. Démouler sur une grille et laisser refroidir avant de trancher. Servir avec de la crème glacée, si désiré.

Pain aux noix et à la crème sure
(2 petits pains)

500 ml	farine de blé entier	2 tasses
250 ml	farine tout usage	1 tasse
250 ml	flocons d'avoine à cuisson rapide	1 tasse
12 ml	bicarbonate de soude	2½ c. à t.
5 ml	poudre à pâte	1 c. à t.
5 ml	cannelle	1 c. à t.
10 ml	sel	2 c. à t.
500 ml	cassonade	2 tasses
500 ml	noix hachées au choix	2 tasses
2	gros œufs	2
250 ml	babeurre	1 tasse
250 ml	crème sure	1 tasse

Préchauffer le four à 180 °C (350 °F). Graisser deux moules à pain de 23 cm sur 13 cm sur 7 cm (9 po sur 5 po sur 2¾ po).

1 Dans un grand bol, mélanger tous les ingrédients secs. Incorporer les noix.

2 Dans un autre bol, battre les œufs avec le babeurre et la crème sure.

3 Incorporer les ingrédients humides aux ingrédients secs, sans trop les mélanger et sans les battre.

4 Répartir la pâte entre les deux moules graissés et faire cuire au four 40 à 50 minutes.

5 Lorsque les pains sont cuits, les sortir du four et laisser reposer dans les moules plusieurs minutes. Démouler sur une grille et laisser refroidir avant de trancher.

Pain à l'orange
(1 pain)

375 ml	farine tout usage	1½ tasse
5 ml	poudre à pâte	1 c. à t.
2 ml	sel	½ c. à t.
125 ml	beurre ramolli	½ tasse
250 ml	sucre	1 tasse
2	gros œufs	2
125 ml	lait	½ tasse
125 ml	jus d'orange frais	½ tasse
15 ml	sucre	1 c. à s.
	zeste de 1 orange, râpé	

Préchauffer le four à 180 °C (350 °F). Graisser un moule à pain de 23 cm sur 13 cm sur 7 cm (9 po sur 5 po sur 2¾ po).

1 Dans un petit bol, tamiser ensemble la farine, la poudre à pâte et le sel; réserver.

2 Dans un grand bol, réduire en crème le beurre et 250 ml (1 tasse) de sucre. Incorporer les œufs, le lait et 75 ml (5 c. à s.) de jus d'orange.

3 Incorporer le mélange à la farine et le zeste d'orange au mélange crémeux, jusqu'à ce que la pâte soit lisse.

4 Verser la pâte dans le moule et faire cuire au four 55 à 65 minutes.

5 Lorsque le pain est cuit, le sortir du four et laisser reposer plusieurs minutes dans le moule. Démouler sur une grille.

6 Mélanger le jus d'orange qui reste avec 15 ml (1 c. à s.) de sucre. Badigeonner de ce mélange la surface du pain tandis qu'il est encore chaud. Laisser refroidir avant de trancher.

Pain au citron
(1 pain)

375 ml	farine tout usage	1½ tasse
5 ml	poudre à pâte	1 c. à t.
2 ml	sel	½ c. à t.
125 ml	beurre ramolli *(non salé)*	½ tasse
250 ml	sucre	1 tasse
2	gros œufs	2
125 ml	lait *(crème sure)*	½ tasse
45 ml	jus de citron	3 c. à s.
	zeste de 1 citron, râpé	

Préchauffer le four à 180 °C (350 °F). Graisser un moule à pain de 23 cm sur 13 cm sur 7 cm (9 po sur 5 po sur 2¾ po).

1 Dans un petit bol, tamiser ensemble la farine, la poudre à pâte et le sel; réserver.

2 Dans un grand bol, réduire le beurre et le sucre en crème. Incorporer les œufs, le lait et le jus de citron.

3 Incorporer le mélange à la farine et le zeste de citron au mélange crémeux, jusqu'à ce que la pâte soit lisse.

4 Verser la pâte dans le moule et faire cuire au four 55 à 65 minutes.

5 Lorsque le pain est cuit, le sortir du four et laisser reposer plusieurs minutes dans le moule. Démouler sur une grille et laisser refroidir avant de trancher.

Pain aux noix
(1 pain)

175 ml	cassonade	¾ tasse
250 ml	noix au choix, hachées	1 tasse
15 ml	cannelle	1 c. à s.
15 ml	farine tout usage	1 c. à s.
30 ml	beurre fondu	2 c. à s.
50 ml	beurre ramolli ou graisse végétale	¼ tasse
250 ml	sucre	1 tasse
2	gros œufs, séparés	2
375 ml	farine tout usage	1½ tasse
7 ml	poudre à pâte	1½ c. à t.
2 ml	sel	½ c. à t.
125 ml	lait	½ tasse

Préchauffer le four à 180 °C (350 °F). Graisser un moule à pain de 23 cm sur 13 cm sur 7 cm (9 po sur 5 po sur 2¾ po).

1 Dans un bol, du bout des doigts ou avec le dos d'une cuillère, mélanger la cassonade, les noix, la cannelle, 15 ml (1 c. à s.) de farine et le beurre fondu. Réserver.

2 Dans un grand bol, réduire en crème 50 ml (¼ tasse) de beurre et le sucre. Incorporer les jaunes d'œufs en fouettant.

3 Dans un bol, tamiser ensemble 375 ml (1½ tasse) de farine, la poudre à pâte et le sel. Ajouter la préparation aux œufs et mélanger avec une cuillère en bois. Ajouter le lait et bien mélanger. La pâte doit être assez ferme.

4 Battre les blancs d'œufs en neige. Les incorporer à la pâte.

5 Déposer la moitié de la pâte dans le moule. Ajouter le mélange aux noix et l'étaler uniformément avec une cuillère en bois. Couvrir du reste de la pâte et faire cuire au four 45 à 50 minutes.

6 Lorsque le pain est cuit, le sortir du four et laisser reposer plusieurs minutes dans le moule. Démouler sur une grille et laisser refroidir avant de trancher.

Dans un bol, mélanger la cassonade, les noix, la cannelle, 15 ml (1 c. à s.) de farine et le beurre fondu.

Dans un grand bol, réduire en crème 50 ml (¼ tasse) de beurre et le sucre. Incorporer les jaunes d'œufs en fouettant.

Tamiser 375 ml (1 ½ tasse) de farine, la poudre à pâte et le sel. Incorporer le mélange aux œufs avec une cuillère en bois.

Ajouter le lait et bien mélanger. La pâte sera plutôt ferme.

Battre les blancs d'œufs en neige. Les incorporer à la pâte.

Déposer la moitié de la pâte dans le moule. Ajouter le mélange aux noix et l'étaler uniformément avec une cuillère en bois.

Pain aux pacanes
(1 pain)

550 ml	farine tout usage	2¼ tasses
10 ml	poudre à pâte	2 c. à t.
2 ml	bicarbonate de soude	½ c. à t.
2 ml	sel	½ c. à t.
1 ml	muscade moulue	¼ c. à t.
1 ml	cannelle	¼ c. à t.
250 ml	cassonade	1 tasse
250 ml	pacanes hachées	1 tasse
1	gros œuf	1
250 ml	babeurre	1 tasse
30 ml	beurre, fondu	2 c. à s.

Préchauffer le four à 180 °C (350 °F). Graisser un moule à pain de 23 cm sur 13 cm sur 7 cm (9 po sur 5 po sur 2¾ po).

1 Dans un grand bol, tamiser ensemble la farine, la poudre à pâte, le bicarbonate de soude, le sel, la muscade et la cannelle. Incorporer la cassonade et les pacanes.

2 Dans un autre bol, battre légèrement l'œuf. Incorporer le babeurre et le beurre fondu.

3 Incorporer les ingrédients humides aux ingrédients secs, sans trop les mélanger et sans les battre.

4 Verser la pâte dans le moule et faire cuire au four 45 à 55 minutes.

5 Lorsque le pain est cuit, le sortir du four et laisser reposer plusieurs minutes dans le moule. Démouler sur une grille et laisser refroidir avant de trancher.

Pain aux abricots
(1 pain)

500 ml	farine tout usage	2 tasses
15 ml	poudre à pâte	1 c. à s.
2 ml	sel	½ c. à t.
250 ml	sucre	1 tasse
175 ml	abricots séchés finement hachés	¾ tasse
7 ml	zeste de citron finement râpé	1½ c. à t.
125 ml	noix de Grenoble hachées	½ tasse
1	gros œuf	1
250 ml	lait	1 tasse
30 ml	huile végétale	2 c. à s.

Préchauffer le four à 180 °C (350 °F). Graisser un moule à pain de 23 cm sur 13 cm sur 7 cm (9 po sur 5 po sur 2¾ po).

1 Dans un grand bol, tamiser ensemble la farine, la poudre à pâte, le sel et le sucre. Incorporer les abricots, le zeste de citron et les noix.

2 Dans un petit bol, battre l'œuf avec le lait et l'huile.

3 Incorporer les ingrédients humides aux ingrédients secs, sans trop les mélanger et sans les battre.

4 Verser la pâte dans le moule et faire cuire au four 55 à 65 minutes.

5 Lorsque le pain est cuit, le sortir du four et laisser reposer plusieurs minutes dans le moule. Démouler sur une grille et laisser refroidir avant de trancher.

Les sortes de biscuits

•

La plupart des pâtes à biscuits contiennent des ingrédients
de base comme le beurre, les œufs et la farine.
Cependant, certaines d'entre elles demandent des techniques
de préparation et de cuisson différentes.

•

Les barres

Les barres comprennent une variété de saveurs
et sont cuites dans des moules rectangulaires ou carrés.
Elles doivent refroidir dans le moule avant d'être coupées.

•

Les biscuits à la cuillère

Cette pâte à biscuits est la plus facile de toutes.
Il faut bien mélanger les ingrédients humides,
puis les incorporer aux ingrédients secs en ajoutant ensuite
les saveurs comme les noix, le chocolat, les raisins secs, etc.
La pâte est déposée par petites cuillerées sur une plaque à biscuits,
puis cuite au four, à température moyenne.

•

Les boules

Les boules sont une variante des biscuits à la cuillère.
Les ingrédients sont incorporés de la même façon.
La pâte est ensuite façonnée en petites boules qui sont lissées
entre les paumes des mains. Les boules sont placées sur une plaque
à biscuits et légèrement aplaties avec les dents d'une fourchette.
Il est possible d'utiliser d'autres objets comme un verre en verre taillé
pour obtenir un effet plus décoratif.

•

Les biscuits frigidaire

Ces biscuits doivent être refroidis avant d'être cuits.
Une fois les ingrédients mélangés, la pâte doit parfois être pétrie
pour bien incorporer les ingrédients. La pâte est façonnée en un
ou plusieurs rouleaux, selon la quantité obtenue.
Elle est ensuite enveloppée dans du papier ciré,
puis réfrigérée jusqu'à ce qu'elle soit ferme.
Pour la cuisson, couper les rouleaux
en tranches de 3 mm (⅛ po) d'épaisseur.

•

Les biscuits fantaisie

La pâte de ces biscuits doit être suffisamment malléable
pour être abaissée sans s'effriter.
Il est souvent nécessaire de la réfrigérer avant de l'abaisser.
Il existe sur le marché différentes sortes d'emporte-pièce.

Conseils pour la cuisson

•

Utiliser du beurre non salé pour la cuisson.

•

Pour obtenir de meilleurs résultats, placer les biscuits
au milieu du four pour les faire cuire.
S'il y a une plaque à biscuits sur la grille supérieure
et une autre sur la grille inférieure,
changer les plaques à pâtisserie de grille à la mi-cuisson.

•

Sauf indications contraires,
graisser et fariner légèrement les plaques à pâtisserie.
Les pâtes qui contiennent une grande quantité de beurre
comme celle des sablés sont habituellement cuites
sur une plaque non graissée.

•

Laisser toujours suffisamment d'espace entre les biscuits
pour leur permettre de prendre du volume pendant la cuisson.

•

Lorsque les biscuits sont cuits, les retirer délicatement
de la plaque à biscuits et les laisser refroidir sur une grille.
Si une même plaque est utilisée pour faire cuire une autre série
de biscuits, s'assurer qu'elle soit froide au toucher
avant d'y déposer la pâte.

•

Le nombre de biscuits indiqué au début d'une recette
peut varier suivant la taille des biscuits.

Biscuits au vin et aux noix
(environ 1½ douzaine)

125 ml	beurre ramolli	½ tasse
125 ml	sucre	½ tasse
2	gros jaunes d'œufs	2
250 ml	amandes blanchies finement hachées	1 tasse
50 ml	madère	¼ tasse
250 ml	farine tout usage	1 tasse
1	pincée de sel	1
	zeste de ½ orange, râpé	

Préchauffer le four à 200 °C (400 °F). Graisser et fariner légèrement les plaques à biscuits.

1 Dans un grand bol, réduire en crème le beurre et le sucre. Au mixeur, incorporer les jaunes d'œufs, l'un après l'autre.

2 Incorporer les amandes, puis le madère.

3 Incorporer la farine, le sel et le zeste d'orange.

4 Déposer de petites cuillerées de pâte sur les plaques à biscuits. Faire cuire au four 15 minutes. Rectifier le temps de cuisson selon la taille des biscuits.

5 Lorsque les biscuits sont cuits, les faire refroidir sur une grille.

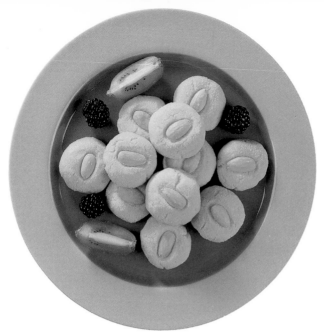

Biscuits farcis aux amandes

(environ 2 douzaines)

125 ml	beurre ramolli	½ tasse
75 ml	sucre	⅓ tasse
1	gros œuf, battu	1
300 ml	farine à pâtisserie	1¼ tasse
2 ml	crème de tartre	½ c. à t.
1 ml	poudre à pâte	¼ c. à t.
1	pincée de sel	1
	sucre	
	amandes entières blanchies	

Préchauffer le four à 160 °C (325 °F). Graisser et fariner légèrement des plaques à biscuits.

1 Dans un grand bol, réduire le beurre et le sucre en crème. Incorporer l'œuf et battre pour obtenir un mélange lisse.

2 Tamiser ensemble la farine, la crème de tartre, la poudre à pâte et le sel. Incorporer graduellement au mélange crémeux.

3 Façonner la pâte en petites boules et saupoudrer de sucre. Disposer sur des plaques à biscuits et enfoncer une amande dans chaque boule.

4 Faire cuire au four 25 à 30 minutes ou jusqu'à ce que le tour commence à brunir.

5 Lorsque les biscuits sont cuits, les faire refroidir sur une grille.

Biscuits aux dattes
(environ 2½ douzaines)

175 ml	beurre ramolli	¾ tasse
375 ml	cassonade	1½ tasse
2	gros œufs, battus	2
550 ml	farine tout usage	2¼ tasses
10 ml	poudre à pâte	2 c. à t.
350 g	dattes dénoyautées, finement hachées	¾ lb
250 ml	eau	1 tasse
30 ml	rhum	2 c. à s.
125 ml	noix de Grenoble hachées	½ tasse

1 Dans un grand bol, réduire en crème le beurre et 250 ml (1 tasse) de cassonade. Incorporer les œufs pour obtenir un mélange lisse.

2 Tamiser ensemble la farine et la poudre à pâte au-dessus de la pâte. Bien incorporer et réfrigérer 1 heure.

3 Préchauffer le four à 180 °C (350 °F). Graisser et fariner légèrement des plaques à biscuits.

4 Sur une surface de travail farinée, abaisser la pâte à 3 mm (⅛ po) d'épaisseur.

5 Découper à l'emporte-pièce et disposer sur les plaques à biscuits. Faire cuire au four 12 minutes. Si nécessaire, rectifier le temps de cuisson selon la taille des biscuits.

6 Lorsque les biscuits sont cuits, les faire refroidir sur une grille.

7 Entre-temps, dans une casserole, mélanger la cassonade qui reste, les dattes, l'eau et le rhum. Faire cuire 3 minutes à feu moyen. Incorporer les noix de Grenoble. Retirer la casserole du feu et laisser refroidir.

8 Étaler une petite quantité de mélange aux dattes au dos d'un biscuit, recouvrir d'un autre biscuit et appuyer pour former un sandwich. Recommencer avec le reste des biscuits.

Dans un grand bol, réduire en crème le beurre et 250 ml (1 tasse) de cassonade. Incorporer les œufs pour obtenir un mélange lisse.

Tamiser ensemble la farine et la poudre à pâte au-dessus de la pâte; bien incorporer.

Sur une surface de travail farinée, abaisser la pâte à 3 mm (⅛ po) d'épaisseur.

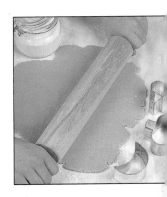

Découper à l'emporte-pièce et disposer sur les plaques à biscuits. Faire cuire au four 12 minutes. Si nécessaire, rectifier le temps de cuisson selon la taille des biscuits.

Dans une casserole, mélanger la cassonade qui reste, les dattes, l'eau et le rhum. Faire cuire 3 minutes, à feu moyen. Incorporer les noix.

Étaler une petite quantité de mélange aux dattes au dos d'un biscuit, couvrir d'un autre biscuit et appuyer pour former un sandwich.

Biscuits aux brisures de chocolat
(environ 2 douzaines)

125 ml	beurre ramolli	½ tasse
125 ml	sucre	½ tasse
50 ml	cassonade	¼ tasse
1	œuf	1
2 ml	vanille	½ c. à t.
250 ml	farine tout usage tamisée	1 tasse
2 ml	bicarbonate de soude	½ c. à t.
2 ml	sel	½ c. à t.
125 ml	noix	½ tasse
90 g	brisures de chocolat au lait	3 oz

Préchauffer le four à 190 °C (375 °F). Graisser et fariner légèrement des plaques à biscuits.

1 Dans un grand bol, réduire en crème le beurre, le sucre et la cassonade. Incorporer l'œuf et la vanille pour obtenir un mélange lisse.

2 Tamiser ensemble la farine, le bicarbonate de soude et le sel au-dessus de la pâte. Mélanger pour bien incorporer.

3 Incorporer les noix et les brisures de chocolat.

4 Déposer par cuillerées moyennes sur les plaques à biscuits. Aplatir avec le dos d'une fourchette. Faire cuire au four 8 à 10 minutes.

5 Lorsque les biscuits sont cuits, les faire refroidir sur des grilles.

Biscuits aux épices
(environ 2 douzaines)

50 ml	beurre ramolli	¼ tasse
50 ml	graisse végétale	¼ tasse
250 ml	cassonade	1 tasse
2	gros œufs	2
550 ml	farine tout usage	2¼ tasses
5 ml	bicarbonate de soude	1 c. à t.
2 ml	sel	½ c. à t.
2 ml	cannelle	½ c. à t.
1 ml	muscade moulue	¼ c. à t.
250 ml	raisins secs	1 tasse
250 ml	dattes dénoyautées hachées	1 tasse
250 ml	noisettes hachées	1 tasse
1	pincée de quatre-épices	1

Préchauffer le four à 180 °C (350 °F). Graisser légèrement les plaques à biscuits.

1 Dans un grand bol, réduire en crème le beurre, la graisse végétale et la cassonade. Incorporer les œufs pour obtenir un mélange lisse.

2 Tamiser ensemble la farine, le bicarbonate de soude et le sel au-dessus de la pâte. Mélanger pour bien incorporer.

3 Incorporer le reste des ingrédients. Déposer par cuillerées moyennes sur les plaques à biscuits. Faire cuire au four 12 à 15 minutes.

4 Lorsque les biscuits sont cuits, les faire refroidir sur une grille.

Bouchées aux ananas
(environ 2½ douzaines)

150 ml	graisse végétale	⅔ tasse
300 ml	cassonade	1¼ tasse
2	gros œufs	2
5 ml	vanille	1 c. à t.
500 ml	farine tout usage	2 tasses
7 ml	poudre à pâte	1½ c. à t.
1 ml	bicarbonate de soude	¼ c. à t.
2 ml	sel	½ c. à t.
175 ml	ananas coupé en cubes, bien égoutté	¾ tasse

Préchauffer le four à 200 °C (400 °F).

1 Dans un grand bol, réduire en crème la graisse végétale et la moitié de la cassonade. Ajouter le reste de la cassonade et 1 œuf. Battre 20 secondes au mixeur.

2 Ajouter l'autre œuf et la vanille; battre 20 secondes.

3 Tamiser ensemble le reste des ingrédients secs. Les incorporer à la pâte. Incorporer l'ananas.

4 Déposer par petites cuillerées sur des plaques à biscuits non graissées. Faire cuire 8 à 10 minutes. Si nécessaire, rectifier le temps de cuisson selon la taille des biscuits.

5 Lorsque les biscuits sont cuits, les faire refroidir sur des grilles.

Biscuits espresso
(environ 4 douzaines)

75 ml	graisse végétale	⅓ tasse
75 ml	beurre ramolli	⅓ tasse
75 ml	sucre	⅓ tasse
125 ml	cassonade	½ tasse
1	gros œuf, battu	1
5 ml	vanille	1 c. à t.
500 ml	farine tout usage	2 tasses
2 ml	poudre à pâte	½ c. à t.
2 ml	sel	½ c. à t.
30 ml	café espresso instantané	2 c. à s.
1	pincée de bicarbonate de soude	1

1 Dans un grand bol, réduire en crème la graisse végétale et le beurre. Ajouter le sucre et la cassonade; bien mélanger avec une cuillère en bois. Incorporer l'œuf et la vanille pour obtenir un mélange lisse.

2 Tamiser ensemble le reste des ingrédients secs et les incorporer au mélange crémeux.

3 Lorsque la pâte peut se travailler, la façonner en plusieurs rouleaux. Les envelopper dans du papier ciré et réfrigérer 3 heures.

4 Préchauffer le four à 200 °C (400 °F).

5 Couper les rouleaux en rondelles d'environ 3 mm (⅛ po) d'épaisseur; disposer sur des plaques à biscuits non graissées. Faire cuire au four 8 à 10 minutes. Si nécessaire, rectifier le temps de cuisson selon la taille des biscuits.

6 Lorsque les biscuits sont cuits, les faire refroidir sur des grilles.

Biscuits à l'orange
(environ 2 douzaines)

50 ml	beurre ramolli	¼ tasse
125 ml	sucre	½ tasse
1	petit œuf, battu	1
50 ml	jus d'orange	¼ tasse
400 ml	farine à pâtisserie	1⅔ tasse
10 ml	poudre à pâte	2 c. à t.
1	pincée de sel	1
	zeste de ½ orange, râpé	

1 Réduire en crème le beurre et la moitié du sucre. Ajouter le sucre qui reste et mélanger pour obtenir une préparation lisse.

2 Incorporer l'œuf, le jus et le zeste d'orange. Continuer à battre jusqu'à ce que le mélange soit crémeux.

3 Tamiser ensemble le reste des ingrédients secs et les incorporer à la pâte. Réfrigérer 1 heure.

4 Préchauffer le four à 180 °C (350 °F). Graisser et fariner légèrement des plaques à biscuits.

5 Sur une surface de travail farinée, abaisser la pâte à 3 mm (⅛ po) d'épaisseur.

6 Découper avec un emporte-pièce. Disposer sur les plaques à biscuits. Faire cuire au four 15 à 20 minutes. Si nécessaire, rectifier le temps de cuisson selon la taille des biscuits.

7 Lorsque les biscuits sont cuits, les faire refroidir sur des grilles.

Biscuits à la crème sure
(environ 2 douzaines)

225 g	beurre	½ lb
500 ml	farine à pâtisserie	2 tasses
5 ml	poudre à pâte	1 c. à t.
1	pincée de sel	1
1	gros jaune d'œuf	1
30 ml	eau	2 c. à s.
125 ml	crème sure	½ tasse
50 ml	sucre	¼ tasse
75 ml	marmelade d'orange	⅓ tasse

1 Dans un grand bol, réduire le beurre en crème. Tamiser ensemble la farine, la poudre à pâte et le sel. Les incorporer au mélange crémeux avec un coupe-pâte.

2 Mélanger le jaune d'œuf avec l'eau; l'ajouter à la pâte. Incorporer la crème sure et le sucre. Bien mélanger et réfrigérer 1 heure.

3 Préchauffer le four à 180 °C (350 °F). Graisser et fariner légèrement des plaques à biscuits.

4 Sur une surface de travail farinée, abaisser la pâte à 3 mm (⅛ po) d'épaisseur.

5 Avec un emporte-pièce, découper des ronds et, pour chacun d'eux, découper un anneau de même diamètre. Disposer les ronds de pâte sur les plaques à biscuits et poser un anneau sur chacun d'eux.

6 Remplir le milieu d'une petite quantité de marmelade. Faire cuire au four 12 à 15 minutes.

7 Lorsque les biscuits sont cuits, les sortir du four et laisser refroidir sur des grilles.

Biscuits à l'avoine et à la noix de coco
(environ 2½ douzaines)

250 ml	beurre ramolli	1 tasse
500 ml	cassonade	2 tasses
1	gros œuf	1
5 ml	vanille	1 c. à t.
500 ml	farine tout usage	2 tasses
5 ml	poudre à pâte	1 c. à t.
2 ml	bicarbonate de soude	½ c. à t.
1 ml	sel	¼ c. à t.
500 ml	flocons d'avoine	2 tasses
250 ml	noix de coco non sucrée râpée	1 tasse

Préchauffer le four à 180 °C (350 °F). Graisser et fariner légèrement des plaques à biscuits.

1 Dans un grand bol, réduire en crème le beurre et la cassonade. Incorporer l'œuf et la vanille pour obtenir un mélange lisse.

2 Tamiser ensemble la farine, la poudre à pâte, le bicarbonate de soude et le sel. Avec une cuillère en bois, incorporer graduellement au mélange crémeux. Incorporer les flocons d'avoine et la noix de coco.

3 Déposer par petites cuillerées sur les plaques à biscuits. Faire cuire au four 12 à 15 minutes.

4 Lorsque les biscuits sont cuits, les faire refroidir sur une grille.

Croquants à l'avoine et à la noix de coco
(environ 3 douzaines)

125 ml	beurre	½ tasse
375 ml	flocons d'avoine à cuisson rapide	1½ tasse
125 ml	cassonade	½ tasse
125 ml	farine tout usage	½ tasse
125 ml	noix de coco sucrée râpée	½ tasse
1 ml	sel	¼ c. à t.
2 ml	bicarbonate de soude	½ c. à t.
30 ml	eau bouillante	2 c. à s.

1 Dans une petite casserole, faire fondre le beurre; réserver.

2 Dans un grand bol, mélanger les flocons d'avoine, la cassonade, la farine, la noix de coco et le sel. Incorporer le beurre et bien mélanger avec une cuillère en bois.

3 Dissoudre le bicarbonate de soude dans l'eau bouillante. Incorporer à la pâte.

4 Réunir la pâte et la renverser sur une surface de travail farinée. La pâte sera collante. Façonner en un rouleau d'environ 4 cm (1½ po) de diamètre. Envelopper dans du papier ciré et réfrigérer jusqu'à ce que la pâte soit ferme, avant de l'utiliser.

5 Préchauffer le four à 190 °C (375 °F). Graisser et fariner légèrement les plaques à biscuits.

6 Couper le rouleau de pâte en rondelles de 3 mm (⅛ po) d'épaisseur. Disposer sur des plaques à biscuits et faire cuire au four 8 à 10 minutes.

7 Lorsque les biscuits sont cuits, les faire refroidir sur des grilles.

Biscuits aux raisins secs

(environ 4 douzaines)

250 ml	eau	1 tasse
500 ml	raisins secs	2 tasses
125 ml	beurre ramolli	½ tasse
125 ml	graisse végétale	½ tasse
500 ml	sucre	2 tasses
3	gros œufs	3
1 litre	farine tout usage	4 tasses
5 ml	poudre à pâte	1 c. à t.
5 ml	bicarbonate de soude	1 c. à t.
2 ml	sel	½ c. à t.
10 ml	cannelle	2 c. à t.
1 ml	muscade moulue	¼ c. à t.
250 ml	pacanes hachées	1 tasse

1 Dans une petite casserole, mettre l'eau et les raisins secs. Faire bouillir 5 minutes, puis retirer du feu et réserver pour faire refroidir. Égoutter.

2 Réduire en crème le beurre, la graisse et le sucre. Incorporer les œufs pour obtenir un mélange lisse. Incorporer les raisins secs.

3 Tamiser ensemble le reste des ingrédients secs, sauf les pacanes. Bien incorporer à la pâte.

4 Incorporer les pacanes. Faire refroidir la pâte au réfrigérateur 30 minutes avant de l'utiliser.

5 Préchauffer le four à 190 °C (375 °F). Graisser et fariner légèrement des plaques à biscuits.

6 Déposer par petites cuillerées sur les plaques à biscuits. Faire cuire au four 10 à 12 minutes.

7 Lorsque les biscuits sont cuits, les faire refroidir sur des grilles.

Biscuits au miel et à la citrouille

(environ 2½ douzaines)

125 ml	beurre ramolli	½ tasse
150 ml	miel	⅔ tasse
1	gros œuf	1
250 ml	citrouille en conserve	1 tasse
375 ml	farine de blé entier	1½ tasse
5 ml	bicarbonate de soude	1 c. à t.
2 ml	sel	½ c. à t.
2 ml	muscade moulue	½ c. à t.
1 ml	clous de girofle moulus	¼ c. à t.
2 ml	cannelle	½ c. à t.
250 ml	noisettes hachées	1 tasse
250 ml	dattes dénoyautées hachées	1 tasse

Préchauffer le four à 180 °C (350 °F). Graisser légèrement des plaques à biscuits.

1 Dans un grand bol, mettre le beurre, le miel et l'œuf. Au batteur électrique, mélanger jusqu'à ce que la préparation soit lisse. Ajouter la citrouille et incorporer avec une cuillère en bois.

2 Mélanger la farine avec le bicarbonate de soude, le sel et les épices. Incorporer au mélange crémeux. Incorporer les noisettes et les dattes.

3 Déposer par petites cuillerées sur les plaques à biscuits. Faire cuire 10 à 12 minutes. Si nécessaire, rectifier le temps de cuisson selon la taille des biscuits.

4 Lorsque les biscuits sont cuits, les faire refroidir sur des grilles.

Meringue

5	gros blancs d'œufs	5
300 ml	sucre à fruits	1 ¼ tasse
1	pincée de sel	1

Préchauffer le four à 100 °C (200 °F). Recouvrir les plaques à biscuits de papier-parchemin.

1 Dans un grand bol, battre les blancs d'œufs avec le sel, jusqu'à la formation de pics mous.

2 Sans cesser de battre à vitesse moyenne, incorporer graduellement 250 ml (1 tasse) de sucre. Les blancs d'œufs deviendront très fermes et luisants.

3 Incorporer très délicatement le sucre qui reste.

4 Déposer par petites cuillerées sur les plaques à biscuits. Faire cuire 3 heures au four. Les meringues seront croquantes lorsqu'elles seront prêtes.

5 Faire refroidir sur des grilles. Parsemer de sucre à glacer ou de cacao, si désiré.

Cœurs à la vanille

(environ 2 douzaines)

75 ml	beurre ramolli	⅓ tasse
75 ml	graisse végétale	⅓ tasse
375 ml	sucre	1½ tasse
2	gros œufs	2
15 ml	vanille	1 c. à s.
750 ml	farine tout usage tamisée	3 tasses
10 ml	poudre à pâte	2 c. à t.
5 ml	sel	1 c. à t.

Préchauffer le four à 180 °C (350 °F).

1 Dans un grand bol, réduire en crème le beurre et la graisse végétale. Incorporer graduellement le sucre avec le dos d'une grosse cuillère.

2 Incorporer les œufs et la vanille.

3 Tamiser ensemble les ingrédients secs. Les incorporer en plusieurs étapes au mélange crémeux.

4 Travailler la pâte jusqu'à ce qu'elle soit lisse et malléable. L'abaisser à 3 mm (⅛ po) d'épaisseur sur une surface de travail farinée.

5 Découper à l'aide d'un emporte-pièce en forme de cœur, de taille moyenne. Disposer sur des plaques à biscuits non graissées. Faire cuire au four 10 à 12 minutes.

6 Lorsque les biscuits sont cuits, les faire refroidir sur des grilles.

Biscuits foncés aux amandes
(environ 4 douzaines)

75 ml	beurre ramolli	⅓ tasse
75 ml	graisse végétale	⅓ tasse
125 ml	cassonade	½ tasse
125 ml	sucre	½ tasse
2	gros œufs, battus	2
550 ml	farine	2¼ tasses
5 ml	bicarbonate de soude	1 c. à t.
2 ml	cannelle	½ c. à t.
2 ml	sel	½ c. à t.
60 g	amandes blanchies, hachées	2 oz

1 Dans un grand bol, réduire en crème le beurre, la graisse végétale, la cassonade et le sucre.

2 Incorporer les œufs et battre pour obtenir un mélange lisse.

3 Au-dessus de la pâte, tamiser la farine, le bicarbonate de soude, la cannelle et le sel. Incorporer légèrement avec une cuillère en bois, puis ajouter les amandes.

4 Pétrir les ingrédients dans le bol. Renverser la pâte sur une surface de travail et la pétrir jusqu'à ce que les ingrédients soient bien incorporés.

5 Diviser la pâte en deux et façonner chaque portion en un rouleau d'environ 4 cm (1½ po) de diamètre. Envelopper dans du papier ciré et réfrigérer 1 heure.

6 Préchauffer le four à 190 °C (375 °F).

7 Sortir la pâte du réfrigérateur. À l'aide d'un couteau bien aiguisé, couper les rouleaux en fines tranches et disposer sur des plaques à biscuits non graissées. Faire cuire au four 8 à 10 minutes.

8 Lorsque les biscuits sont cuits, les laisser refroidir sur des grilles.

Dans un grand bol, réduire en crème le beurre, la graisse végétale, la cassonade et le sucre.

Incorporer les œufs et battre pour obtenir un mélange lisse.

Au-dessus de la pâte, tamiser la farine, le bicarbonate de soude, la cannelle et le sel. Incorporer légèrement avec une cuillère en bois, puis incorporer les amandes.

Renverser la pâte sur une surface de travail et la pétrir pour bien incorporer tous les ingrédients.

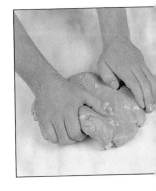

Diviser la pâte en deux et façonner chaque portion en un rouleau d'environ 4 cm (1½ po) de diamètre.

Sortir la pâte du réfrigérateur. À l'aide d'un couteau bien aiguisé, couper les rouleaux en fines tranches.

Biscuits au beurre et aux amandes
(environ 2 douzaines)

175 ml	beurre ramolli	¾ tasse
75 ml	sucre à glacer tamisé	⅓ tasse
2 ml	vanille	½ c. à t.
125 ml	amandes blanchies hachées	½ tasse
250 ml	farine tout usage	1 tasse
30 ml	farine tout usage	2 c. à s.

Préchauffer le four à 180 °C (350 °F). Graisser et fariner légèrement des plaques à biscuits.

1 Dans un grand bol, réduire en crème le beurre, le sucre et la vanille. Ajouter les amandes et bien mélanger.

2 Incorporer toute la farine et pétrir pour obtenir une pâte lisse et malléable.

3 Façonner en boules d'environ 2,5 cm (1 po) de diamètre. Disposer sur des plaques à biscuits et aplatir légèrement avec le dos d'une fourchette. Faire cuire au four 10 à 12 minutes.

4 Lorsque les biscuits sont cuits, les laisser refroidir sur des grilles.

Macarons aux amandes

250 ml	amandes entières blanchies	1 tasse
250 ml	sucre	1 tasse
2 à 3	gros blancs d'œufs	2 à 3
2 ml	vanille	½ c. à t.

Préchauffer le four à 200 °C (400 °F). Graisser et fariner légèrement des plaques à biscuits.

1 Au robot culinaire, réduire en poudre les amandes et les ⅔ du sucre.

2 Verser dans un grand bol. Ajouter un peu des blancs d'œufs et battre 2 minutes au batteur électrique. La pâte doit ressembler à une purée.

3 Déposer par grosses cuillerées sur les plaques à biscuits. Saupoudrer du sucre qui reste et faire cuire au four 15 minutes.

4 Sortir du four et laisser refroidir sur des grilles.

Biscuits au beurre d'arachide
(environ 2 douzaines)

125 ml	graisse végétale	½ tasse
50 ml	sucre	¼ tasse
125 ml	cassonade	½ tasse
1	gros œuf	1
125 ml	beurre d'arachide	½ tasse
375 ml	farine tout usage	1½ tasse
5 ml	bicarbonate de soude	1 c. à t.
1	pincée de sel	1

Préchauffer le four à 190 °C (375 °F). Graisser légèrement des plaques à biscuits.

1 Dans un grand bol, réduire en crème la graisse végétale, le sucre et la cassonade. Incorporer l'œuf et battre pour obtenir un mélange lisse. Incorporer le beurre d'arachide.

2 Dans un bol, mélanger la farine, le bicarbonate de soude et le sel. Incorporer au mélange crémeux avec une cuillère en bois.

3 Rouler la pâte en petites boules et disposer sur les plaques à biscuits. Aplatir légèrement avec le dos d'une fourchette. Faire cuire au four 8 à 10 minutes.

4 Lorsque les biscuits sont cuits, les sortir du four et laisser refroidir sur des grilles.

Biscuits à la mélasse et à la crème
(environ 2 douzaines)

125 ml	graisse végétale	½ tasse
125 ml	sucre	½ tasse
1	petit œuf	1
125 ml	mélasse	½ tasse
500 ml	farine tout usage	2 tasses
2 ml	bicarbonate de soude	½ c. à t.
2 ml	sel	½ c. à t.
5 ml	gingembre moulu	1 c. à t.
15 ml	beurre ramolli	1 c. à s.
250 ml	sucre à glacer	1 tasse
1	pincée de cannelle	1
15 ml	eau chaude	1 c. à s.

Préchauffer le four à 180 °C (350 °F). Graisser et fariner légèrement des plaques à biscuits.

1 Dans un grand bol, réduire en crème la graisse végétale. Ajouter le sucre, l'œuf et la mélasse. Mélanger au batteur électrique jusqu'à ce que la préparation soit légère et mousseuse.

2 Tamiser ensemble la farine, le bicarbonate de soude, le sel et le gingembre. Incorporer graduellement au mélange crémeux et pétrir jusqu'à ce que la pâte soit lisse et malléable. Ajouter de la farine si nécessaire.

3 Abaisser la pâte à 3 mm (⅛ po) d'épaisseur sur une surface de travail farinée.

4 Découper avec un emporte-pièce. Disposer sur les plaques à biscuits. Faire cuire au four 8 à 10 minutes. Rectifier le temps de cuisson selon la taille des biscuits. Lorsque les biscuits sont cuits, les sortir du four et laisser refroidir sur des grilles.

5 Entre-temps, réduire en crème le beurre, la moitié du sucre à glacer et la cannelle. Ajouter l'eau chaude et mélanger.

6 Bien incorporer le sucre à glacer qui reste. Le mélange doit être assez liquide, sinon, ajouter de l'eau chaude.

7 Étaler la crème sur le dos d'un biscuit et recouvrir d'un autre biscuit. Recommencer avec les autres biscuits.

Biscuits secs au gingembre
(environ 2 douzaines)

75 ml	graisse végétale	⅓ tasse
125 ml	sucre	½ tasse
I	gros œuf, battu	I
40 ml	mélasse ou miel	I ½ c. à s.
250 ml	farine tout usage	I tasse
5 ml	bicarbonate de soude	I c. à t.
I ml	sel	¼ c. à t.
2 ml	cannelle	½ c. à t.
5 ml	gingembre moulue	I c. à t.
I ml	clous de girofle moulus	¼ c. à t.
	sucre	

Préchauffer le four à 190 °C (375 °F). Graisser et fariner légèrement des plaques à biscuits.

1 Dans un grand bol, réduire en crème la graisse végétale et le sucre.

2 Au batteur électrique, incorporer l'œuf et la mélasse.

3 Tamiser ensemble les ingrédients secs, sauf le sucre, et les incorporer à la pâte au batteur électrique. La pâte doit être malléable.

4 Façonner en petites boules et saupoudrer de sucre. Disposer sur les plaques à biscuits; ne pas aplatir. Faire cuire au four 10 à 12 minutes.

5 Lorsque les biscuits sont cuits, les sortir du four et les laisser refroidir sur des grilles.

Pépites à la mélasse
(environ 4 douzaines)

250 ml	graisse végétale	1 tasse
250 ml	sucre	1 tasse
1	gros œuf	1
50 ml	mélasse	¼ tasse
500 ml	farine tout usage	2 tasses
10 ml	poudre à pâte	2 c. à t.
5 ml	cannelle	1 c. à t.
1 ml	sel	¼ c. à t.
	sucre	

Préchauffer le four à 190 °C (375 °F). Graisser et fariner légèrement des plaques à biscuits.

1 Dans un grand bol, réduire en crème la graisse végétale et le sucre. Incorporer l'œuf et battre pour obtenir un mélange lisse. Incorporer ensuite la mélasse.

2 Dans un autre bol, tamiser le reste des ingrédients.

3 Incorporer par étapes les ingrédients secs au mélange crémeux; remuer avec une cuillère en bois après chaque addition. Pétrir la pâte si c'est nécessaire.

4 Façonner en petites pépites de la taille d'une noisette. Si la pâte s'émiette, la réfrigérer avant de l'utiliser.

5 Saupoudrer les pépites de sucre et disposer sur les plaques à biscuits. Faire cuire au four 10 à 12 minutes.

6 Lorsque les pépites sont cuites, les sortir du four et laisser refroidir sur des grilles.

Biscuits aux pommes et aux pacanes

(environ 2 douzaines)

75 ml	beurre ramolli	⅓ tasse
250 ml	cassonade	I tasse
I	gros œuf, battu	I
425 ml	farine tout usage	1¾ tasse
2 ml	poudre à pâte	½ c. à t.
2 ml	bicarbonate de soude	½ c. à t.
I ml	muscade moulue	¼ c. à t.
175 ml	compote de pommes	¾ tasse
250 ml	pacanes hachées	I tasse
250 ml	raisins secs	I tasse

Préchauffer le four à 180 °C (350 °F). Graisser légèrement des plaques à biscuits.

1 Dans un grand bol, réduire en crème le beurre et la cassonade. Incorporer l'œuf et battre pour obtenir un mélange lisse.

2 Tamiser ensemble la farine, la poudre à pâte, le bicarbonate de soude et la muscade.

3 En alternant avec la compote de pommes, incorporer les ingrédients secs au mélange crémeux. Bien mélanger après chaque addition. Incorporer les pacanes et les raisins secs.

4 Déposer par petites cuillerées sur les plaques à biscuits. Faire cuire au four 10 à 12 minutes.

5 Lorsque les biscuits sont cuits, les sortir du four et laisser refroidir sur des grilles.

Biscuits aux noisettes et au chocolat

(environ 3 douzaines)

60 g	chocolat mi-amer, coupé en morceaux	2 oz
15 ml	beurre	1 c. à s.
125 ml	graisse végétale	½ tasse
1	gros œuf	1
125 ml	sucre	½ tasse
40 ml	lait	2½ c. à s.
2 ml	vanille	½ c. à t.
400 ml	farine tout usage	1⅔ tasse
7 ml	poudre à pâte	1½ c. à t.
1 ml	sel	¼ c. à t.
125 ml	noisettes finement hachées	½ tasse

1 Dans le haut d'un bain-marie, à feu doux, faire fondre le chocolat et le beurre en remuant de temps à autre. Réserver pour faire refroidir.

2 Dans un grand bol, mettre la graisse végétale, l'œuf et le sucre. Mélanger au batteur électrique, jusqu'à ce que la préparation soit crémeuse et gonflée. Mélanger le lait avec la vanille; réserver.

3 Dans un autre bol, tamiser ensemble la farine, la poudre à pâte et le sel. Incorporer les ingrédients secs au mélange crémeux, en alternant avec le mélange au lait. Bien battre après chaque addition. Incorporer les noisettes.

4 Renverser la pâte à biscuits sur une surface de travail farinée. Façonner en un rouleau d'environ 5 cm (2 po) de diamètre. Envelopper dans du papier ciré et réfrigérer au moins 8 heures avant de l'utiliser.

5 Préchauffer le four à 180 °C (350 °F). Graisser et fariner légèrement des plaques à biscuits.

6 Pour faire cuire les biscuits, couper le rouleau de pâte en rondelles de 3 mm (⅛ po) d'épaisseur. Disposer sur les plaques à biscuits et faire cuire au four 10 à 12 minutes.

7 Lorsque les biscuits sont cuits, les sortir du four et laisser refroidir sur des grilles.

Biscuits à l'avoine
(environ 1½ douzaine)

250 ml	farine tout usage	1 tasse
125 ml	sucre	½ tasse
2 ml	bicarbonate de soude	½ c. à t.
1 ml	muscade moulue	¼ c. à t.
1	pincée de sel	1
250 ml	flocons d'avoine à cuisson rapide	1 tasse
125 ml	graisse végétale très froide	½ tasse
45 à 60 ml	eau froide	3 à 4 c. à s.

Préchauffer le four à 190 °C (375 °F). Graisser et fariner légèrement des plaques à biscuits.

1 Dans un grand bol, tamiser ensemble la farine, le sucre, le bicarbonate de soude, la muscade et le sel. Ajouter les flocons d'avoine et mélanger.

2 Couper la graisse en morceaux. Les mettre dans le bol avec 45 ml (3 c. à s.) d'eau. Mélanger rapidement les ingrédients avec les doigts pour former une pâte. Ajouter de l'eau si nécessaire.

3 Pétrir pour obtenir une pâte malléable, puis l'abaisser sur une surface de travail farinée. Découper avec un emporte-pièce et disposer sur les plaques à biscuits. Faire cuire au four 12 à 15 minutes. Rectifier le temps de cuisson selon la taille des biscuits.

4 Lorsque les biscuits sont cuits, les sortir du four et laisser refroidir sur des grilles. Servir avec du fromage, si désiré.

Biscuits au gingembre
(environ 2½ douzaines)

125 ml	graisse végétale	½ tasse
125 ml	sucre	½ tasse
125 ml	mélasse	½ tasse
5 ml	vinaigre blanc	1 c. à t.
500 ml	farine tout usage	2 tasses
2 ml	bicarbonate de soude	½ c. à t.
2 ml	gingembre moulu	½ c. à t.
1 ml	cannelle	¼ c. à t.
1 ml	sel	¼ c. à t.
1	gros œuf, battu	1

1 Dans une petite casserole, amener à ébullition la graisse, le sucre, la mélasse et le vinaigre. Faire cuire 2 minutes. Retirer du feu et verser dans un grand bol; laisser refroidir.

2 Tamiser les ingrédients secs ensemble; réserver.

3 Lorsque le premier mélange est refroidi, y incorporer l'œuf battu.

4 Incorporer graduellement le mélange à la farine en pétrissant jusqu'à ce que la pâte soit lisse et malléable. Ajouter de la farine si nécessaire. Réfrigérer 1 heure.

5 Préchauffer le four à 190 °C (375 °F). Graisser et fariner légèrement les plaques à biscuits.

6 Sur une surface de travail farinée, abaisser la pâte à 3 mm (⅛ po) d'épaisseur.

7 Découper avec un emporte-pièce. Disposer sur les plaques à biscuits. Faire cuire au four 8 à 10 minutes. Rectifier le temps de cuisson selon la taille des biscuits.

8 Lorsque les biscuits sont cuits, les sortir du four et les laisser refroidir sur des grilles.

Biscuits au miel et à la cannelle
(environ 2 douzaines)

175 ml	miel	¾ tasse
45 ml	graisse végétale	3 c. à s.
I	gros œuf, battu	I
50 ml	lait	¼ tasse
125 ml	raisins secs	½ tasse
425 ml	farine à pâtisserie	1¾ tasse
10 ml	poudre à pâte	2 c. à t.
I	pincée de sel	I
	cannelle, au goût	

Préchauffer le four à 190 °C (375 °F). Graisser légèrement les plaques à biscuits.

1 Dans un grand bol, mélanger le miel avec la graisse végétale. Au fouet, bien incorporer l'œuf.

2 Incorporer le lait et les raisins secs.

3 Tamiser ensemble la farine, la poudre à pâte, le sel et la cannelle. Bien incorporer à la pâte.

4 Déposer par petites cuillerées sur les plaques à biscuits. Faire cuire au four 6 minutes. Rectifier le temps de cuisson selon la taille des biscuits.

5 Lorsque les biscuits sont cuits, les sortir du four et laisser refroidir sur des grilles.

Sablés de base

225 g	beurre ramolli	½ lb
175 ml	sucre à glacer	¾ tasse
175 ml	fécule de maïs	¾ tasse
375 ml	farine à pâtisserie	1½ tasse
1	pincée de sel	1

Préchauffer le four à 160 °C (325 °F).

1 Dans un grand bol, réduire le beurre en crème. Incorporer le sucre.

2 Tamiser ensemble le reste des ingrédients; les incorporer au mélange crémeux avec une cuillère en bois. Pétrir jusqu'à ce que la pâte soit lisse.

3 Utiliser cette pâte pour faire des biscuits de différentes formes à l'aide d'un emporte-pièce. Cette pâte peut aussi être utilisée pour faire une couronne.

4 Faire cuire sur des plaques à biscuits non graissées. Rectifier le temps de cuisson selon la taille des biscuits. Ne pas faire brunir.

5 Lorsque les biscuits sont cuits, les sortir du four et laisser refroidir sur des grilles.

Biscuits aux noix
(environ 2 douzaines)

125 ml	beurre ramolli	½ tasse
75 ml	cassonade	⅓ tasse
1	jaune d'œuf	1
5 ml	vanille	1 c. à t.
250 ml	farine tout usage	1 tasse
175 ml	noix de Grenoble hachées	¾ tasse
	confiture (facultatif)	

Préchauffer le four à 180 °C (350 °F). Graisser légèrement des plaques à biscuits.

1 Dans un grand bol, réduire en crème le beurre et la cassonade. Incorporer le jaune d'œuf et la vanille.

2 Bien incorporer la farine, puis ajouter les noix. Bien mélanger et pétrir la pâte, si nécessaire, pour la mélanger complètement.

3 Façonner en boules d'environ 3 cm (1¼ po) de diamètre. Disposer sur les plaques à biscuits et faire cuire au four 6 à 7 minutes.

4 Sortir du four. Appuyer avec le pouce au centre de chaque biscuit. Remettre les biscuits au four et poursuivre la cuisson 6 à 8 minutes.

5 Lorsque les biscuits sont cuits, les sortir du four et laisser refroidir sur des grilles. Remplir le creux de confiture ou de glaçage.

Biscuits aux noisettes
(environ 2 douzaines)

125 ml	graisse végétale	½ tasse
50 ml	sucre	¼ tasse
1	gros œuf, séparé	1
5 ml	jus de citron	1 c. à t.
250 ml	farine tout usage tamisée	1 tasse
	farine	
	noisettes moulues	
	confiture de fraises	

Préchauffer le four à 180 °C (350 °F). Graisser et fariner légèrement des plaques à biscuits.

1 Dans un grand bol, réduire en crème la graisse végétale et le sucre. Ajouter le jaune d'œuf et le jus de citron; battre pour obtenir un mélange lisse.

2 Ajouter la farine et mélanger la pâte avec les doigts, en pétrissant légèrement jusqu'à ce qu'elle soit mélangée. Lorsque la pâte est malléable, la rouler en petites boules.

3 Saupoudrer légèrement de farine, puis tremper dans le blanc d'œuf. Enrober de noisettes moulues.

4 Disposer sur des plaques à biscuits. Avec le pouce, les creuser au centre. Remplir ce creux de confiture de fraises. Faire cuire au four 10 à 12 minutes.

5 Lorsque les biscuits sont cuits, les sortir du four et laisser refroidir sur des grilles.

Biscuits au tahini

(environ 2 douzaines)

125 ml	beurre ramolli	½ tasse
50 ml	sucre	¼ tasse
125 ml	cassonade	½ tasse
175 ml	tahini*	¾ tasse
1	œuf, battu	1
175 ml	farine tout usage tamisée	¾ tasse
15 ml	farine tout usage	1 c. à s.

Préchauffer le four à 180 °C (350 °F). Graisser et fariner légèrement des plaques à biscuits.

1 Dans un grand bol, réduire en crème le beurre, le sucre et la cassonade. Ajouter le tahini et battre pour obtenir un mélange lisse.

2 Ajouter l'œuf et battre pour bien l'incorporer.

3 Au batteur électrique ou avec une cuillère en bois, incorporer toute la farine.

4 Déposer par petites cuillerées sur les plaques à biscuits. Faire cuire au four 10 à 12 minutes.

5 Lorsque les biscuits sont cuits, les sortir du four et laisser refroidir sur des grilles.

*Le tahini est une pâte à base de graines de sésame moulues que l'on trouve dans plusieurs supermarchés et dans les épiceries d'aliments naturels.

Biscuits aux amandes de tante Freda
(environ 3 douzaines)

250 ml	beurre ramolli	1 tasse
300 ml	sucre	1 ¼ tasse
2	gros œufs, battus	2
625 ml	farine tout usage	2 ½ tasses
5 ml	bicarbonate de soude	1 c. à t.
10 ml	crème de tartre	2 c. à t.
1 ml	sel	¼ c. à t.
225 g	amandes blanchies, moulues	½ lb

Préchauffer le four à 180 °C (350 °F).

1 Dans un grand bol, réduire en crème le beurre et le sucre. Incorporer les œufs et battre jusqu'à ce que le mélange soit lisse.

2 Tamiser ensemble la farine, le bicarbonate de soude, la crème de tartre et le sel. Incorporer graduellement au mélange crémeux avec une cuillère en bois.

3 Bien incorporer les amandes moulues.

4 Façonner la pâte en petites boules et disposer sur les plaques à biscuits non graissées. Aplatir avec le dos d'une fourchette et faire cuire au four 18 à 20 minutes.

5 Lorsque les biscuits sont cuits, les sortir du four et laisser refroidir sur des grilles.

Sablés à la cassonade

(environ 3 douzaines)

225 g	beurre ramolli	½ lb
125 ml	cassonade	½ tasse
500 ml	farine tout usage	2 tasses
15 ml	farine de riz	1 c. à s.
1	pincée de sel	1

Préchauffer le four à 160 °C (325 °F).

1 Dans un grand bol, réduire en crème le beurre et la cassonade.

2 Tamiser ensemble le reste des ingrédients et les incorporer graduellement au mélange crémeux à l'aide d'une cuillère en bois.

3 Façonner en petites boules et disposer sur des plaques à biscuits non graissées. Aplatir légèrement avec le dos d'une fourchette ou avec un verre en verre taillé pour obtenir un effet décoratif.

4 Faire cuire au four 30 à 35 minutes ou jusqu'à ce que le tour commence à brunir.

5 Lorsque les biscuits sont cuits, les sortir du four et laisser refroidir sur des grilles.

Biscuits aux fruits confits et à la liqueur d'orange

(environ 3 douzaines)

125 ml	abricots confits hachés	½ tasse
250 ml	beurre ramolli	1 tasse
250 ml	sucre	1 tasse
2	gros œufs, battus	2
30 ml	liqueur d'orange	2 c. à s.
675 ml	farine tout usage	2¾ tasses
10 ml	poudre à pâte	2 c. à t.
2 ml	sel	½ c. à t.
250 ml	cerises confites hachées	1 tasse

1 Faire tremper les abricots dans une petite quantité d'eau.

2 Dans un grand bol, réduire en crème le beurre. Ajouter le sucre et bien mélanger. Au batteur électrique, incorporer les œufs. Incorporer la liqueur d'orange.

3 Tamiser ensemble la farine, la poudre à pâte et le sel. Bien incorporer au mélange crémeux.

4 Ajouter les abricots égouttés et les cerises. Pétrir la pâte et la façonner en deux rouleaux. Envelopper dans du papier ciré et réfrigérer 2 heures.

5 Préchauffer le four à 200 °C (400 °F). Graisser et fariner légèrement des plaques à biscuits.

6 Couper les rouleaux en rondelles de 3 à 5 mm (⅛ à ¼ po) d'épaisseur. Disposer sur les plaques à biscuits et faire cuire au four 8 à 10 minutes. Rectifier le temps de cuisson selon la taille des biscuits, si nécessaire.

7 Lorsque les biscuits sont cuits, les sortir du four et laisser refroidir sur des grilles.

Doigts de dame à la confiture
(environ 2 douzaines)

125 ml	graisse végétale	½ tasse
2 ml	vanille	½ c. à t.
125 ml	sucre	½ tasse
375 ml	farine à pâtisserie	1 ½ tasse
2 ml	poudre à pâte	½ c. à t.
1 ml	cannelle	¼ c. à t.
1	gros œuf, battu	1
50 ml	crème à 15 %	¼ tasse
175 ml	confiture de fraise	¾ tasse
	lait	

Préchauffer le four à 200 °C (400 °F). Graisser et fariner légèrement une plaque à biscuits.

1 Dans un grand bol, réduire en crème la graisse végétale. Ajouter la vanille et le sucre; bien mélanger.

2 Tamiser ensemble la farine, la poudre à pâte et la cannelle. Incorporer au mélange crémeux avec une cuillère en bois. Ajouter les œufs et la crème; battre pour obtenir un mélange lisse.

3 Diviser la pâte en deux et abaisser chaque portion en une forme carrée. Disposer un carré de pâte sur une plaque à pâtisserie et le couvrir d'une couche de confiture. Recouvrir de l'autre carré de pâte et appuyer fortement sur les bords.

4 Badigeonner de lait le dessus de la pâte. Faire cuire au four 20 à 25 minutes.

5 Lorsque le biscuit est cuit, le sortir du four et laisser refroidir sur une grille. Couper en doigts de dame et servir.

Tuiles de base

250 ml	noix au choix, broyées	1 tasse
150 ml	sucre	⅔ tasse
45 ml	farine tout usage	3 c. à s.
15 ml	fécule de maïs	1 c. à s.
1	pincée de sel	1
45 ml	beurre fondu	3 c. à s.
15 ml	armagnac	1 c. à s.
3	gros blancs d'œufs	3

1 Dans un grand bol, mélanger les noix, le sucre, la farine, la fécule de maïs et le sel. Incorporer le beurre et l'armagnac.

2 Ajouter les blancs d'œufs, un à la fois, en mélangeant après chaque addition. Réfrigérer au moins 3 heures.

3 Préchauffer le four à 190 °C (375 °F). Graisser et fariner légèrement des plaques à biscuits.

4 Déposer la pâte sur les plaques à biscuits par petites cuillerées, à 5 cm (2 po) d'intervalle. Faire cuire au four 10 minutes ou moins, selon la taille des biscuits. Ne pas trop les faire cuire.

5 Lorsque les biscuits sont cuits, à l'aide d'une spatule, les retirer avec précaution puis les enrouler autour d'un objet arrondi comme un rouleau à pâte. Lorsqu'ils sont fermes, les déposer sur une grille et les laisser refroidir.

Sablés fondants aux pacanes
(environ 3 douzaines)

250 ml	beurre ramolli	1 tasse
75 ml	sucre à glacer	5 c. à s.
10 ml	vanille	2 c. à t.
500 ml	farine tout usage	2 tasses
1 ml	sel	¼ c. à t.
175 ml	pacanes hachées finement	¾ tasse
	sucre à fruits	

Préchauffer le four à 160 °C (325 °F).

1 Dans un grand bol, réduire en crème le beurre. Incorporer le sucre à glacer et la vanille.

2 Tamiser la farine avec le sel au-dessus du mélange crémeux. Incorporer avec une cuillère en bois. Incorporer les pacanes.

3 Prendre la pâte par petites quantités et la façonner en lui donnant une forme ovale de la taille d'une datte. Saupoudrer de sucre à fruits, disposer sur des plaques à biscuits non graissées et faire cuire au four 25 à 35 minutes.

4 Lorsque les biscuits sont cuits, les sortir du four et les laisser refroidir sur des grilles.

Cigares à la vanille
(environ 2½ douzaines)

250 ml	beurre	1 tasse
425 ml	farine tout usage	1¾ tasse
500 ml	sucre à fruits	2 tasses
1	pincée de sel	1
5 ml	vanille	1 c. à t.
6	gros blancs d'œufs, à température ambiante	6

1 Dans une petite casserole faire fondre le beurre et amener à température ambiante.

2 Dans un grand bol, mélanger la farine, le sucre et le sel. Incorporer le beurre fondu et la vanille; bien mélanger.

3 Ajouter les blancs d'œufs et mélanger juste pour incorporer. Réfrigérer 3 heures.

4 Préchauffer le four à 200 °C (400 °F). Graisser les plaques à biscuits.

5 Déposer la pâte dans une poche à douille munie d'un bout rond. Tracer des cercles de pâte sur les plaques à biscuits, à 5 cm (2 po) d'intervalle. Faire cuire au four 10 minutes.

6 Sortir les biscuits du four avant qu'ils ne soient fermes. Les enrouler rapidement avec précaution pour leur donner la forme d'un tube; presser légèrement pour qu'ils gardent cette forme.

7 Laisser refroidir sur des grilles avant de servir.

Doigts de dame aux amandes
(environ 2½ douzaines)

300 ml	beurre ramolli	1¼ tasse
60 ml	sucre à glacer	4 c. à s.
500 ml	farine tout usage	2 tasses
250 ml	amandes entières non blanchies, moulues	1 tasse
	sucre à fruits	

Préchauffer le four à 160 °C (325 °F). Graisser légèrement des plaques à biscuits.

1 Réduire en crème le beurre et le sucre à glacer, puis battre jusqu'à ce que le mélange soit léger.

2 Tamiser la farine et l'incorporer au mélange crémeux avec une cuillère en bois. Incorporer les amandes moulues.

3 Façonner la pâte en petites boules. Les rouler pour leur donner la forme d'un doigt de dame et disposer sur des plaques à biscuits. Faire cuire au four 25 à 30 minutes.

4 Lorsque les biscuits sont cuits, les sortir du four et disposer sur des grilles. Saupoudrer de sucre à fruits pendant qu'ils sont encore chauds et laisser refroidir.

Croissants aux noix
(environ 3 douzaines)

250 ml	beurre ramolli	1 tasse
50 ml	sucre à glacer	¼ tasse
10 ml	vanille	2 c. à t.
500 ml	farine tout usage	2 tasses
7 ml	eau	1½ c. à t.
250 ml	noix de Grenoble hachées	1 tasse
	sucre à fruits (facultatif)	

Préchauffer le four à 180 °C (350 °F).

1 Dans un grand bol, réduire en crème le beurre. Bien incorporer le sucre à glacer pour obtenir un mélange lisse. Ajouter la vanille et bien mélanger.

2 Avec une cuillère en bois, incorporer la farine au mélange crémeux. Ajouter l'eau et mélanger de nouveau. Incorporer les noix.

3 Façonner la pâte en petites boules, puis leur donner la forme d'un croissant. Disposer sur des plaques à biscuits non graissées. Faire cuire au four 25 à 35 minutes.

4 Lorsque les croissants sont cuits, les sortir du four et disposer sur des grilles. Saupoudrer de sucre à fruits, si désiré, et laisser refroidir.

Carrés à la noix de coco

50 ml	beurre ramolli	¼ tasse
125 ml	sucre	½ tasse
375 ml	farine tout usage	1½ tasse
5 ml	poudre à pâte	1 c. à t.
2	gros œufs, battus	2
125 ml	crème à 15 %	½ tasse
30 ml	rhum	2 c. à s.
45 ml	beurre	3 c. à s.
175 ml	cassonade	¾ tasse
50 ml	crème à 35 %	¼ tasse
125 ml	noix de coco sucrée râpée	½ tasse
50 ml	noix de Grenoble hachées	¼ tasse

Préchauffer le four à 180 °C (350 °F). Graisser un plat de taille moyenne allant au four.

1 Dans un grand bol, réduire en crème le beurre ramolli et le sucre.

2 Dans un autre bol, tamiser ensemble la farine et la poudre à pâte. Mélanger les œufs battus avec la crème à 15 % et le rhum.

3 En alternant avec les œufs battus, incorporer la farine au mélange crémeux. Bien mélanger après chaque addition.

4 Verser la pâte dans le plat allant au four et faire cuire au four 20 minutes. Rectifier le temps de cuisson si nécessaire. Lorsque le gâteau est cuit, le sortir du four.

5 Dans une casserole, faire fondre le beurre qui reste. Incorporer la cassonade et la crème à 35 %; faire cuire 2 minutes. Verser sur le gâteau chaud.

6 Mélanger la noix de coco avec les noix; parsemer sur le gâteau. Remettre le gâteau au four et faire cuire 2 minutes.

7 Laisser refroidir complètement avant de couper en carrés.

Dans un grand bol, réduire en crème le beurre ramolli et le sucre.

Mélanger les œufs battus avec la crème à 15 % et le rhum.

Incorporer la farine au mélange crémeux, en alternant avec les œufs battus.

Verser la pâte dans le plat allant au four.

Dans une casserole, faire fondre le beurre. Incorporer la cassonade et la crème à 35 %; faire cuire 2 minutes.

Verser le sucre fondu sur le gâteau chaud. Mélanger la noix de coco avec les noix de Grenoble et en parsemer le gâteau.

Carrés aux dattes

125 ml	beurre ramolli	½ tasse
250 ml	sucre	1 tasse
2	gros œufs, séparés	2
250 ml	farine tout usage	1 tasse
5 ml	poudre à pâte	1 c. à t.
250 ml	noix de Grenoble hachées	1 tasse
250 ml	dattes dénoyautées hachées	1 tasse
175 ml	cassonade	¾ tasse

Préchauffer le four à 180 °C (350 °F). Graisser une lèchefrite de taille moyenne.

1 Dans un grand bol, réduire en crème le beurre et le sucre. Ajouter les jaunes d'œufs et mélanger 1 minute au batteur électrique.

2 Tamiser ensemble la farine et la poudre à pâte au-dessus de la pâte. Bien mélanger et verser la pâte dans la lèchefrite.

3 Mélanger les noix de Grenoble avec les dattes; parsemer uniformément sur la pâte.

4 Battre les blancs d'œufs en neige ferme. Incorporer très délicatement la cassonade et étaler le mélange sur la pâte. Faire cuire au four 30 minutes; rectifier le temps de cuisson, si nécessaire.

5 Lorsque le gâteau est cuit, le sortir du four et laisser refroidir complètement dans la lèchefrite avant de le couper en carrés.

Brownies au café et au fudge

125 ml	beurre	½ tasse
60 g	chocolat mi-amer, coupé en morceaux	2 oz
2	gros œufs	2
15 ml	Kahlua (liqueur de café)	1 c. à s.
250 ml	sucre	1 tasse
175 ml	farine tout usage	¾ tasse
1	pincée de sel	1
125 ml	pacanes hachées	½ tasse
	glaçage au chocolat (facultatif, voir page 95)	
	pacanes (facultatif)	

Préchauffer le four à 180 °C (350 °F). Graisser légèrement un moule carré de 23 cm (9 po). Foncer le fond du moule d'un papier-parchemin.

1 Dans le haut d'un bain-marie, faire fondre le beurre et le chocolat à feu doux, en remuant de temps à autre. Retirer du feu et laisser refroidir.

2 Dans un bol, battre les œufs jusqu'à ce qu'ils soient légers et brillants. Incorporer au fouet la liqueur de café et le sucre.

3 Sans cesser de fouetter, incorporer le chocolat fondu au mélange aux œufs.

4 Incorporer la farine, le sel et les pacanes. Verser la pâte dans le moule et faire cuire au four 45 à 50 minutes.

5 Sortir les brownies du four et laisser complètement refroidir dans le moule avant de les couper en carrés. Garnir de glaçage au chocolat et de demi-pacanes, si désiré.

Brownies aux noix

300 ml	farine tout usage	1¼ tasse
2 ml	bicarbonate de soude	½ c. à t.
2 ml	sel	½ c. à t.
125 ml	beurre	½ tasse
90 g	chocolat mi-amer, coupé en morceaux	3 oz
250 ml	sucre	1 tasse
3	gros œufs	3
5 ml	vanille	1 c. à t.
250 ml	noix de Grenoble hachées	1 tasse
	glaçage au chocolat (facultatif, voir page 95)	

Préchauffer le four à 180 °C (350 °F). Graisser et fariner légèrement un moule de 23 cm sur 30 cm (9 po sur 13 po) allant au four.

1 Dans un petit bol, tamiser la farine, le bicarbonate de soude et le sel; réserver.

2 Dans le haut d'un bain-marie, faire fondre le beurre et le chocolat à feu doux, en remuant de temps à autre.

3 Retirer le chocolat fondu du feu et laisser tiédir. Ajouter le sucre et bien mélanger.

4 Ajouter les œufs, un à la fois, en battant bien après chaque addition.

5 Ajouter les ingrédients secs et battre pour bien mélanger. Incorporer la vanille et les noix.

6 Verser la pâte dans le moule et faire cuire au four 30 à 35 minutes.

7 Lorsque les brownies sont cuits, les sortir du four et laisser refroidir dans le moule avant de les couper en carrés. Servir tel quel ou avec un glaçage au chocolat, si désiré.

Carrés au chocolat et à la noix de coco

60 g	chocolat mi-amer, coupé en morceaux	2 oz
50 ml	beurre	¼ tasse
250 ml	sucre	1 tasse
2	gros œufs, battus	2
250 ml	farine tout usage	1 tasse
5 ml	poudre à pâte	1 c. à t.
250 ml	noix de coco sucrée râpée	1 tasse

Préchauffer le four à 180 °C (350 °F). Graisser et fariner légèrement un moule carré de 20 cm (8 po) allant au four.

1 Dans le haut d'un bain-marie, à feu doux, faire fondre le chocolat et le beurre en remuant de temps à autre.

2 Verser le chocolat dans un bol. Incorporer le sucre, puis les œufs.

3 Tamiser la farine avec la poudre à pâte. Incorporer à la préparation au chocolat avec une cuillère en bois.

4 Verser la pâte dans le moule et faire cuire au four 30 minutes.

5 Lorsque le gâteau est cuit, le saupoudrer de noix de coco. Laisser complètement refroidir avant de le couper en carrés.

Bouchées au chocolat

250 ml	farine à pâtisserie	1 tasse
1	pincée de sel	1
15 ml	cassonade	1 c. à s.
125 ml	beurre, coupé en morceaux	½ tasse
175 g	chocolat mi-sucré, râpé grossièrement	6 oz
250 ml	noix de coco non sucrée râpée	1 tasse
75 ml	cerises confites hachées	⅓ tasse
375 ml	cassonade	1 ½ tasse
2	gros œufs, battus	2
30 ml	rhum	2 c. à s.
50 ml	farine tout usage	¼ tasse
5 ml	poudre à pâte	1 c. à t.

Préchauffer le four à 180 °C (350 °F). Graisser et fariner légèrement un moule carré de 20 cm (8 po) allant au four.

1 Dans un grand bol, tamiser la farine avec le sel. Y creuser un puits et y mettre 15 ml (1 c. à s.) de cassonade et le beurre. Incorporer les ingrédients pour obtenir une pâte lisse.

2 Lorsque la pâte est malléable, l'abaisser aux dimensions du moule, sur une surface de travail farinée. Déposer la pâte dans le moule et faire cuire au four 15 minutes.

3 Sortir le moule du four et réserver. Baisser la température du four à 160 °C (325 °F).

4 Dans un bol, mélanger le chocolat râpé, la noix de coco et les cerises confites. Ajouter la cassonade qui reste; mélanger. Incorporer les œufs battus et le rhum.

5 Tamiser la farine avec la poudre à pâte; incorporer au mélange aux œufs.

6 Étaler le mélange sur la pâte cuite, dans le moule. Poursuivre la cuisson au four, 40 minutes.

7 Lorsque le gâteau est cuit, le sortir du four et laisser refroidir. Réfrigérer 8 heures avant de le couper en carrés.

Brownies

175 ml	beurre	¾ tasse
50 ml	graisse végétale	¼ tasse
125 g	chocolat non sucré, coupé en morceaux	4 oz
4	gros œufs	4
15 ml	rhum	1 c. à s.
425 ml	sucre	1¾ tasse
5 ml	vanille	1 c. à t.
300 ml	farine tout usage	1¼ tasse
1	pincée de sel	1
175 ml	noix au choix, hachées	¾ tasse
	sucre à glacer	
	cacao (facultatif)	

Préchauffer le four à 180 °C (350 °F). Graisser et fariner légèrement un moule de 23 cm sur 30 cm (9 po sur 13 po) allant au four.

1 Dans le haut d'un bain-marie, à feu doux, faire fondre le beurre, la graisse végétale et le chocolat. Remuer de temps à autre. Retirer du feu et laisser refroidir.

2 Dans un grand bol, battre les œufs jusqu'à ce qu'ils soient brillants. Incorporer le rhum, le sucre et la vanille. Le mélange épaissira. Incorporer très délicatement le chocolat fondu.

3 Incorporer la farine, le sel et les noix. Verser la pâte dans le moule et faire cuire au four 30 à 35 minutes.

4 Sortir les brownies du four et les saupoudrer de sucre à glacer tamisé ou de cacao. Laisser refroidir complètement dans le moule avant de les couper en carrés.

Biscuits au beurre d'arachide et au chocolat
(environ 2 douzaines)

125 ml	beurre ramolli	½ tasse
50 ml	sucre	¼ tasse
125 ml	cassonade	½ tasse
175 ml	beurre d'arachide	¾ tasse
1	œuf, battu	1
175 ml	farine tout usage tamisée	¾ tasse
60 g	chocolat au lait, grossièrement haché	2 oz
125 ml	brisures de chocolat mi-sucré	½ tasse
50 ml	noisettes finement hachées	¼ tasse

Préchauffer le four à 180 °C (350 °F). Graisser légèrement des plaques à biscuits.

1 Dans un grand bol, réduire en crème le beurre, le sucre et la cassonade. Ajouter le beurre d'arachide et battre pour obtenir un mélange lisse.

2 Ajouter l'œuf et battre pour bien incorporer.

3 Incorporer la farine. À l'aide d'une cuillère en bois, incorporer les chocolats et les noisettes.

4 Déposer par cuillerées de taille moyenne sur les plaques à biscuits. Faire cuire au four 18 à 20 minutes.

5 Lorsque les biscuits sont cuits, les sortir du four et laisser refroidir sur des grilles.

Glaçage au chocolat

75 ml	beurre	⅓ tasse
30 g	chocolat mi-amer, coupé en morceaux	1 oz
250 ml	sucre à glacer	1 tasse
1	gros œuf	1
5 ml	vanille	1 c. à t.

1 Dans le haut d'un bain-marie, faire fondre le beurre et le chocolat à feu doux, en remuant de temps à autre.

2 Retirer le chocolat du feu et incorporer le sucre.

3 Ajouter l'œuf et la vanille. Battre pour obtenir un mélange lisse.

4 Étaler le glaçage sur les carrés lorsqu'ils sont encore chauds.

INDEX

Biscuits à l'avoine	70	Glaçage au chocolat	95
Biscuits à l'avoine et à la noix de coco	54	Les sortes de biscuits	42
		Macarons aux amandes	63
Biscuits à l'orange	52	Meringue	58
Biscuits à la crème sure	53	Muffins à l'ananas	33
Biscuits à la mélasse et à la crème	65	Muffins à l'avoine et aux abricots	26
Biscuits au beurre d'arachide	64	Muffins à l'orange	12
Biscuits au beurre d'arachide et au chocolat	94	Muffins à l'orange et aux noix	10
Biscuits au beurre et aux amandes	62	Muffins à la compote de pommes	28
Biscuits au gingembre	71	Muffins à la crème sure	9
Biscuits au miel et à la cannelle	72	Muffins à la farine de maïs et aux bleuets	32
Biscuits au miel et à la citrouille	57	Muffins au cacao et aux noisettes	27
Biscuits au tahini	76	Muffins au cheddar	30
Biscuits au vin et aux noix	44	Muffins au miel et à la cannelle	21
Biscuits aux amandes de tante Freda	77	Muffins au son	8
Biscuits aux brisures de chocolat	48	Muffins au son légers	11
Biscuits aux dattes	46-47	Muffins au son, à l'avoine et aux bleuets	18
Biscuits aux épices	49	Muffins au son, au babeurre et au blé entier	23
Biscuits aux fruits confits et à la liqueur d'orange	79	Muffins au son et au babeurre	22
Biscuits aux noisettes	75	Muffins au yogourt et aux bleuets	19
Biscuits aux noisettes et au chocolat	69	Muffins aux bananes	7
Biscuits aux noix	74	Muffins aux bananes et aux kiwis	6
Biscuits aux pommes et aux pacanes	68	Muffins aux brisures de chocolat	13
Biscuits aux raisins secs	56	Muffins aux fraises	24
Biscuits espresso	51	Muffins aux fruits frais	17
Biscuits farcis aux amandes	45	Muffins aux fruits séchés	20
Biscuits foncés aux amandes	60-61	Muffins aux kiwis	25
Biscuits secs au gingembre	66	Muffins aux noix et à la noix de coco	31
Bouchées au chocolat	92	Muffins aux pommes et à la cannelle	14-15
Bouchées aux ananas	50	Muffins au beurre d'arachide	16
Brownies	93	Muffins surprise aux bananes	29
Brownies au café et au fudge	89	Notes sur les muffins	4
Brownies aux noix	90	Pain à l'orange	36
Carrés à la noix de coco	86-87	Pain au cacao	34
Carrés au chocolat et à la noix de coco	91	Pain au citron	37
		Pain aux noix	38-39
Carrés aux dattes	88	Pain aux noix et à la crème sure	35
Cigares à la vanille	83	Pain aux abricots	41
Cœurs à la vanille	59	Pain aux pacanes	40
Conseils pour la cuisson des biscuits	43	Pépites à la mélasse	67
Croissants aux noix	85	Recette de base pour muffins	5
Croquants à l'avoine et à la noix de coco	55	Sablés à la cassonade	78
		Sablés de base	73
Doigts de dame à la confiture	80	Sablés fondants aux pacanes	82
Doigts de dame aux amandes	84	Tuiles de base	81